KURSTHEMEN DEUTSCH

Lyrik:
Liebe vom Barock bis zur Gegenwart

Herausgegeben von
Dietrich Erlach und Bernd Schurf

Erarbeitet von
Reinhard Lindenhahn und Birgit Neugebauer

Inhalt

A Was ist Liebe?

1. Liebe ist … – Facetten der Liebe   3
2. Liebe … lyrisch – Einführung in die Gedichtanalyse   7
   Zwischenbilanz und Anregungen zur weiteren Arbeitsplanung   13

B Liebe ist … – Liebeslyrik vom Barock bis heute

1. Liebesgedichte des Barock   14
   Infoblock: Die Literatur des Barock   14
   1.1 „Ist Liebe lauter nichts" – Petrarkismus   15
   Infoblock: Petrarkismus   15
   1.2 „Ist Lieb ein Feur" – Emblematik   16
   Infoblock: Emblematik   16
   1.3 „Ach Liebste/laß uns eilen" – *carpe diem* und *memento mori*   17
   1.4 „Wie Er wolle geküsset seyn" – Liebesdichtung als gesellschaftliche Unterhaltung   18
   1.5 „Albanie" – Galante Dichtung   19
   Infoblock: „Galante" Dichtung   20

2. Liebeslyrik im 18. und 19. Jahrhundert   21
   Infoblock: Von der Aufklärung zur Weimarer Klassik   21
   2.1 „Mir schlug das Herz …" – Innerlichkeit im 18. Jahrhundert   22
   2.2 „Sie hat mir Treu versprochen …" – Die Epoche der Romantik   29
   Infoblock: Die Romantik   31
   2.3 „Nur die Liebe kann gewähren" – Liebeslyrik im Frührealismus   35
   Infoblock: Strömungen vor dem Realismus   35
   2.4 „Solang du lebest, ist es Tag" – Liebeslyrik im Realismus   43
   Infoblock: Realismus   45

3. Von der Moderne zur Gegenwart   47
   3.1 „Rose, o reiner Widerspruch" – Jahrhundertwende   47
   Infoblock: Strömungen um 1900 – Naturalismus, Symbolismus   48
   Infoblock: Strömungen zu Beginn des 20. Jhs. – Expressionismus und Dadaismus   56
   3.2 „Die Herzen lagen auf den Gleisen" – Weimar und Exil   58
   3.3 „Erklär mir Liebe" – Liebe nach 1945   62
   Infoblock: Hermetische Dichtung   62
   Infoblock: Lyrik ab der Mitte des 20. Jahrhunderts   66

4. Gedichte im thematischen Vergleich   74
   4.1 „So ist die Lieb!" – An die Liebe und über die Liebe   74
   4.2 „Glückes genug" – Liebesglück   76
   4.3 „Mehr als Gedichte wiegt" – Die reife Liebe   79
   4.4 „Wie meine Träume nach dir schrein" – Sehnsucht in der Trennung   82
   4.5 „Ach schreien, schreien!" – Das Ende der Liebe   85

C Projektvorschläge

1. Wie sag ich's – Vom Liebesbrief zur SMS   92
2. Liebe in der Werbung   93

Lösungen zu einzelnen Aufgabenstellungen   94

A Was ist Liebe?

1 Liebe ist … – Facetten der Liebe

Arbeitsanregungen
1. Was ist für Sie „Liebe"? Schreiben Sie Ihre Definition in eine Sprechblase auf ein Blatt Papier.
2. Was denken die Personen auf den Fotos über die Liebe? Arbeiten Sie Sprechblasen aus.
3. Sammeln Sie Ihre Ergebnisse im Kurs und vergleichen Sie Ihre Definitionen. Wo gibt es Übereinstimmungen? Wodurch erklären sich unterschiedliche Definitionen?

A Was ist Liebe?

Liebe ist grundsätzlich unteilbar: Man kann die Liebe zu anderen Liebes-„Objekten" nicht von der Liebe zum eigenen Selbst trennen.
Erich Fromm, 1900–1980

Liebe ist Leidenschaft, und nur die Leidenschaft ist das Wahrzeichen der Existenz.
Ludwig Feuerbach, 1804–1872

Liebe ist stets hinauswollend, transzendent, weil sie der Ungenügsamkeit des an die Subjektivität gefesselten Subjekts entstammt.
Otto Weininger, 1880–1903

Gott ist die Liebe. Die Liebe ist das höchste Reale, der Urgrund.
Novalis, 1772–1801

Liebe ist die Sehnsucht nach der Ganzheit, und das Streben nach der Ganzheit wird Liebe genannt.
Platon, 427–347 v. Chr.

Die Liebe selbst ist ideal und paradox, sofern sie die Einheit einer Zweiheit zu sein beansprucht.
Niklas Luhmann, 1927–1998

Die Liebe ist ein inniges Ineinandersein; ich bin nicht von dir getrennt, wenn es wahr ist, dass ich dich liebe.
Bettina von Arnim, 1785–1859

Was ist Liebe? Liebe ist, wenn man – ach was! Liebe ist Liebe!
Erich Mühsam, 1878–1934

Liebe ist nur ein peinliches Wort.
*Bob Dylan, *1941*

Liebe ist etwas, das stets nach dem Geschlechtsverkehr, nie vor ihm kommt. Was vorher da war, kann Begierde oder Leidenschaft, Respekt oder Zuneigung, niemals aber Liebe sein. Liebe entsteht, nachdem zwei Menschen kopuliert haben und dann entdecken, dass das, was sie zusammengeführt hat, mehr als der sexuelle Trieb war. Das – und nur das – ist Liebe.
Ernest Bornemann, 1915–1995

Liebe ist die Leiter, woran wir emporklimmen zur Gottähnlichkeit.
Friedrich von Schiller, 1759–1805

Liebe ist beinah absurd.
Wilhelm Busch, 1832–1908

Wie ein Sumpf ist die Liebe.
Pablo Neruda, 1904–1973

Liebe ist Trance: Welt höheren Instinktes.
Hugo von Hofmannsthal, 1874–1929

A 1 Liebe ist ... – Facetten der Liebe

Liebe ist die Liebe zum Leben in einem Menschen, in einem Tier, in einer Pflanze. Weit davon entfernt, etwas Abstraktes zu sein, ist die Liebe zum Leben der ganz konkrete und wirkliche Kern einer jeden Art von Liebe. Wer immer glaubt, einen andern Menschen zu lieben, aber nicht das Leben liebt, der mag sehnsüchtig einem andern Menschen anhängen – doch lieben tut er ihn nicht.
Erich Fromm, 1900–1980

Liebe ist Erfüllung, Last und Medizin.
Kurt Tucholsky, 1890–1935

Die Liebe ist immer eine Art Wahnsinn, mehr oder minder schön.
Heinrich Heine, 1797–1856

Die Liebe ist ein Autobus
Auf den man lange warten muss
Kommt er endlich angewetzt
Ist er meistens schon besetzt.
Kindervers

Die Liebe ist eine Strapaze.
Friedrich Georg Jünger, 1898–1977

Auch die Liebe ist Arbeit.
*Bazon Brock, *1936*

Liebe ist, dass du mir das Messer bist, mit dem ich in mir wühle.
Franz Kafka, 1883–1924

Liebe ist voller Gewalt.
*Udo Rabsch, *1944*

Aber die Liebe ist des Menschen größter Feind.
*Herbert Achternbusch, *1938*

Liebe fordert Unendlichkeit, Unzerstörbarkeit, ja sie ist gleichsam ein Schrei nach Unendlichkeit.
*Papst Benedikt XVI, *1927*

Arbeitsanregungen

1. Die Zitate sind aus ihrem Zusammenhang gerissen. Wählen Sie eines aus und geben Sie ihm einen Kontext, indem Sie einen erläuternden Text schreiben.
2. Wählen Sie eines der Bilder, beschreiben Sie es genau und formulieren Sie, welcher Aspekt von Liebe sich darin ausdrückt.
3. Welche **Themen und Motive** erwarten Sie in Liebesgedichten? Stellen Sie in Kleingruppen Mind-Maps her, in denen Sie Ideen dazu strukturieren.

Sappho (ca. 612–557 v. Chr.)
Ode an Atthis (Fragment)

Einer allein scheint mir den Göttern vergleichbar
jener Sterbliche ist's, der dir nahe sein darf.
selig sitzt er vor dir und lauscht deiner süßen klangvollen Stimme.

Mir steht das Herz still. hör ich dein perlendes Lachen
5 wende ich kurz meinen Blick. betroffen zu dir hin.
schnürt's die Kehle mir zu. und keinen Laut mehr
bring ich heraus.

Trocken und stumm bleibt mein Mund. gelähmt ist die Zunge.
Feuer erhitzt mich glühend. durchpulst meine Adern.
10 rauscht in den Ohren. und verschleiert von Tränen
sind meine Augen.

Heiß und kalt überfallen mich fiebrige Schauer.
ohnmächtig sinke ich hin. gewiss werd ich bald
bleich und verdorrt wie von Sonne versengtes Gras
15 sterben vor dir.

Doch lässt sich alles ertragen …

*Judith Holofernes[1] (*1976)*
Außer dir

Ich stehe völlig neben mir
Nicht glücklich weil nicht neben dir
Und ich
rufe dich nur an
5 um dich zu fragen
kann es sein
dass ich
bei meinem letzten Besuch
bei dir
10 verlor was ich jetzt such
Ich fühl mich unwohl
ohne Kopf in der Straßenbahn
deswegen lern ich kopflos Fahrrad fahren
und ich weiß wahrscheinlich
15 mit den Jahren
werd ich lernen dabei mein Gesicht zu wahren

Refrain:
Du bringst mich um
Schlaf und Verstand
20 *Für dich geb ich dem*
Wahnsinn die Hand
und Rand und Band
ziehen ohne mich auf's Land
Ich bin außer dir
25 *Ich bin außer dir*
Ich bin außer dir
gar nicht hier

Ich betrink mich ohne Maß
Sieht keiner hin
30 ess ich das Glas auf
Ich mach nur den Geiern noch Spaß
und ich beiß deinen Namen ins Gras

Refrain:
Du bringst mich um …

[1] **Judith Holofernes:** Sängerin der Band „Wir sind Helden" (Text und Musik)

Arbeitsanregungen

1. Analysieren und deuten Sie jedes der beiden Gedichte. Beziehen Sie, soweit möglich, die Musik in Ihre Deutung des Songtextes von Judith Holofernes mit ein.
2. Vergleichen Sie die Gedichte miteinander: Was ist ähnlich? Welche Unterschiede können Sie feststellen?

2 Liebe … lyrisch – Einführung in die Gedichtanalyse

Gedichte sind hoch komplizierte, individuelle literarische Texte, stark komprimiert und verschlüsselt. Ihr Reiz liegt gerade in ihrer Mehrdeutigkeit, sodass es völlig sinnlos ist, nach einem „Dietrich" zu verlangen, der jedes poetische Schloss öffnen könnte.

Das heißt aber nicht, dass Gedichte sich jeder Deutung verschließen würden oder gar dass es nicht statthaft sei, sich einem lyrischen Text analytisch zu nähern. Kein Geringerer als Bertolt Brecht hat dies angedeutet, als er schrieb:

> Wer das Gedicht für unnahbar hält, kommt ihm wirklich nicht nahe. In der Anwendung von Kriterien liegt ein Hauptteil des Genusses. Zerpflücke eine Rose und jedes Blatt ist schön.

Was aber ist unter „Anwendung von Kriterien" zu verstehen? Geht es darum, Formbestimmungen zu machen, angelernte Stilmittel zu suchen und aufzulisten oder gar eine Ranking-Liste zu erstellen, in welchem Gedicht die meisten poetischen Mittel angewendet wurden?

Wir müssen unterscheiden zwischen Textbeschreibung und Textinterpretation. Erstere kann für Letztere nützlich sein, darf sie aber nicht ersetzen. Eine lange deskriptive Annäherung an den Text täuscht oft Genauigkeit vor, wo in Wirklichkeit nur Oberfläche ist, weil der so eminent wichtige Zusammenhang zwischen Form, Stil und Inhalt verloren geht. Die wichtigste Aufgabe eines Interpretierenden ist es zunächst, die richtigen Fragen an einen Text zu stellen. Die Übersicht auf der vorderen ausklappbaren ▷Umschlagseite des Heftes soll dabei helfen. Sie ist aber nicht als ein Fragenkatalog zu verstehen, den es abzuarbeiten gilt, sondern als eine unverbindliche Zusammenstellung von Aspekten, auf die man je nach Text achten könnte. Sie ist eine grobe erste Annäherung an ein Gedicht; die wichtigen Zusammenhänge sind erst noch herzustellen.

Für die Gedichtinterpretation wählen Sie aus den Ergebnissen Ihrer Beobachtungen zu Inhalt und Form das Besondere, Auffallende, vom Erwarteten Abweichende aus, das also, was dieses spezielle Gedicht von anderen unterscheidet.

Meist werden Sie vom Gedichttypus, vom Thema und von der entfalteten Darstellung der Aussage ausgehen und besondere formale und sprachliche Beobachtungen zur Unterstreichung Ihrer Argumentation heranziehen.

Die geschickte Verschränkung von Form und Inhalt gehört zur Kunst des Interpretierens. Die einzelnen Deutungen müssen zu Ihrer „Gesamtdeutung" passen. Dabei müssen Sie immer wieder Ihre Ausgangsthese daraufhin überprüfen, ob sie noch „stimmt" oder verändert werden muss. Wenn die eine oder andere Stelle des Gedichts überhaupt nicht in die Deutung hineinpasst, kann es auch daran liegen, dass an diesen Stellen z. B. die Metaphorik nicht richtig entschlüsselt wurde. Hilfreich für eine Interpretation können auch Informationen über den Dichter und seine Zeit sein. Sie können sich in Lexika und Literaturgeschichten darüber informieren und dieses zusätzliche Wissen nutzen. Sie sollten dabei aber niemals dem einzelnen Text äußere Faktoren überstülpen und versuchen, diese im Gedicht wiederzufinden.

An jedem der folgenden Texte wird exemplarisch ein spezifischer Aspekt gezeigt, der für das Verständnis des Gedichts wichtig ist. Am Schluss folgen ein kurzer Gedichtvergleich und Hinweise dazu.

Johann Wolfgang Goethe
Elegie (Auszug; September 1823)

*Und wenn der Mensch in seiner Qual verstummt,
Gab mir ein Gott zu sagen, was ich leide.*

Was soll ich nun vom Wiedersehen hoffen,
Von dieses Tages noch geschlossner Blüte?
Das Paradies, die Hölle steht dir offen;
Wie wankelsinnig regt sich's im Gemüte! –
5   Kein Zweifeln mehr! Sie tritt ans Himmelstor,
Zu ihren Armen hebt sie dich empor.

So warst du denn im Paradies empfangen,
Als wärst du wert des ewig schönen Lebens;
Dir blieb kein Wunsch, kein Hoffen, kein Verlangen,
10 Hier war das Ziel des innigsten Bestrebens,
Und in dem Anschaun dieses einzig Schönen
Versiegte gleich der Quell sehnsüchtiger Tränen.

Wie regte nicht der Tag die raschen Flügel,
Schien die Minuten vor sich her zu treiben!
15 Der Abendkuss, ein treu verbindlich Siegel:
So wird es auch der nächsten Sonne bleiben.
Die Stunden glichen sich in zartem Wandern
Wie Schwestern zwar, doch keine ganz den andern.

Der Kuss, der letzte, grausam süß, zerschneidend
20 Ein herrliches Geflecht verschlungner Minnen.
Nun eilt, nun stockt der Fuß, die Schwelle meidend,
Als trieb' ein Cherub flammend ihn von hinnen;
Das Auge starrt auf düstrem Pfad verdrossen,
Es blickt zurück, die Pforte steht verschlossen.

25 Und nun verschlossen in sich selbst, als hätte
Dies Herz sich nie geöffnet, selige Stunden
Mit jedem Stern des Himmels um die Wette
An ihrer Seite leuchtend nicht empfunden;
Und Missmut, Reue, Vorwurf, Sorgenschwere
Belasten's nun in schwüler Atmosphäre. […]

*Joseph Karl Stieler (1781–1858):
J. W. Goethe (Porträt, 1828)*

Arbeitsanregungen

1. Die Elegie ist im vorliegenden Kontext ein subjektiv ausgerichtetes Klagegedicht, das von Entsagung spricht. Zeigen Sie dies am Text, indem Sie die Zerrissenheit des lyrischen Ichs erarbeiten.
2. Informieren Sie sich über die **persönliche Situation Goethes** zur Zeit der Entstehung der Elegie und binden Sie diese Informationen in Ihre Deutung ein (vgl. Infoblock ▷ Goethe und die Frauen II, Seite 26).

A 2 Liebe … lyrisch – Einführung in die Gedichtanalyse

Hugo von Hofmannsthal
Die Beiden (e. 25.12.1896)

Sie trug den Becher in der Hand
– Ihr Kinn und Mund glich seinem Rand –,
So leicht und sicher war ihr Gang,
Kein Tropfen aus dem Becher sprang.

5 So leicht und fest war seine Hand:
Er ritt auf einem jungen Pferde,
Und mit nachlässiger Gebärde
Erzwang er, dass es zitternd stand.

Jedoch, wenn er aus ihrer Hand
10 Den leichten Becher nehmen sollte,
So war es beiden allzu schwer:

Denn beide bebten sie so sehr,
Dass keine Hand die andre fand
Und dunkler Wein am Boden rollte.

Arbeitsanregungen

1. Untersuchen Sie die **Darstellung der beiden Personen** und die parallele Konstruktion verschiedener Verse (z. B. die Verseingänge mit „So"). Versuchen Sie, die **Bildhaftigkeit** des Texts zu deuten (Becher, Pferd etc.).
2. Beachten Sie das **Reimschema** und versuchen Sie, daraus Erkenntnisse für Ihre Interpretation zu ziehen.
3. Nehmen Sie an, Sie müssten dieses Gedicht in eine Filmsequenz umsetzen: Welche Farben wählen Sie, wie führen Sie die Kamera, wie sehen die Personen aus? – Verfassen Sie ein kurzes Drehbuch.
4. Informieren Sie sich über gängige Interpretationen des Gedichts im Internet und in der Sekundärliteratur. Bewerten Sie diese.

Else Lasker-Schüler
Ein Liebeslied (1943)

Komm zu mir in der Nacht – wir schlafen engverschlungen.
Müde bin ich sehr, vom Wachen einsam.
Ein fremder Vogel hat in dunkler Frühe schon gesungen,
Als noch mein Traum mit sich und mir gerungen.

5 Es öffnen Blumen sich vor allen Quellen
Und färben sich mit deiner Augen Immortellen[1] …..

Komm zu mir in der Nacht auf Siebensternenschuhen
Und Liebe eingehüllt spät in mein Zelt.
Es steigen Monde aus verstaubten Himmelstruhen.

10 Wir wollen wie zwei seltene Tiere liebesruhen
Im hohen Rohre hinter dieser Welt.

[1] **Immortellen:** Strohblumen

Else Lasker-Schüler (1869–1945)

Arbeitsanregungen

1. Markieren Sie alle unbekannten **Motive** und **Neologismen** und deuten Sie diese assoziativ.
2. Bestimmen Sie **Reimschema** und **Versmaß** und versuchen Sie, diese interpretatorisch zu nutzen.
3. Lesen Sie weitere Gedichte von Else Lasker-Schüler (z. B. S. 52, 77, 89) und erarbeiten Sie **Charakteristika ihrer Dichtung**.

Günter Herburger
Ehegedicht (vor 1977)

Geliebt haben wir uns,
dass das Gras um uns sich entzündete,
doch die Glut schadete uns nicht,
so selbstvergessen waren wir.

5 Verfolgt haben wir uns,
dass wir uns bis ins Mark trafen,
doch die Wunden schlossen sich wieder,
da kein Blut aus ihnen kam.

Seitdem wir uns aber geeinigt haben,
10 zusammen alt zu werden,
verwandelt sich die Liebe in Behutsamkeit,

und das Blut, das mitunter
nun aus Rissen quillt, schmerzt
Tropfen um Tropfen wie heißes Wachs.

Arbeitsanregungen

1. Geben Sie den **Inhalt des Gedichts** in eigenen Worten wieder: Wird die Ehe positiv, negativ oder indifferent gesehen? – Wie ist die letzte Zeile zu verstehen?
2. Das Gedicht hat die Form eines Sonetts, besitzt aber kein festes Metrum, sondern **freie Rhythmen und keine Reime**. Haben Sie eine Erklärung dafür? – Vergleichen Sie Tonfall und Rhythmus des Gedichts mit jenen von Hofmannsthal.

*Lioba Happel (*1957)*
Ohne Titel (1995)

Du hängst mir schon lang zum Aug' raus und da hockst du auf einem Stuhl und die Nacht lacht Und ein Stern blakt meinetwegen deinetwegen küss mich wenn's recht ist noch einmal tick mir im Ohr komm nochmal ohne Adjektive oder geh! ich spring auf die Beine bittesehr ein Gedicht tschüss Adieu du Schmerzensreicher gehenkter in meinem Nachtaug'
5 tschüß Adieu zärtlich wie du bist bin ich ganz rabiat ich hab genug von dir ich öffne die Tür draußen staubt's

Arbeitsanregungen

1. Bringen Sie den hier fortlaufend gedruckten Text eines Gedichtes von Lioba Happel in Gedichtform und vergleichen Sie anschließend im Kurs Ihre Lösungen.
2. Beschreiben Sie die **Wirkung**, die durch eine Einteilung in Verse entsteht. – Was macht ein Gedicht zum Gedicht?
3. Suchen Sie einen Titel.
4. Inszenieren Sie das Gedicht als kleine **Spielszene**. Verfassen Sie eine Antwort des Angesprochenen – möglichst auch als Gedicht.
5. a) Vergleichen Sie Ihre Textform mit dem Original.
   b) Verfassen Sie einen ▷ Textvergleich (S. 12 f., 89 f.) der beiden Gedichte dieser Seite.

Friedrich Hölderlin
Hymne an die Liebe (1793)

Froh der süßen Augenweide
Wallen wir auf grüner Flur;
Unser Priestertum ist Freude,
Unser Tempel die Natur; –
5 Heute soll kein Auge trübe,
Sorge nicht hienieden sein!
Jedes Wesen soll der Liebe,
Frei und froh, wie wir, sich freu'n!

Höhnt im Stolze, Schwestern, Brüder!
10 Höhnt der scheuen Knechte Tand!
Jubelt kühn das Lied der Lieder,
Festgeschlungen Hand in Hand!
Steigt hinauf am Rebenhügel,
Blickt hinab ins weite Tal!
15 Überall der Liebe Flügel,
Hold und herrlich überall!

Liebe bringt zu jungen Rosen
Morgentau von hoher Luft,
Lehrt die warmen Lüfte kosen
20 In der Maienblume Duft;
Um die Orione leitet
Sie die treuen Erden her.
Folgsam ihrem Winke, gleitet
Jeder Strom in's weite Meer;

25 An die wilden Berge reihet
Sie die sanften Täler an,
Die entbrannte Sonn' erfreuet
Sie im stillen Ozean;
Siehe! mit der Erde gattet
30 Sich des Himmels heil'ge Lust,
Von den Wettern überschattet
Bebt entzückt der Mutter Brust.

Liebe wallt durch Ozeane,
Höhnt der dürren Wüste Sand,
35 Blutet an der Siegesfahne
Jauchzend für das Vaterland;
Liebe trümmert Felsen nieder,
Zaubert Paradiese hin –
Lächelnd kehrt die Unschuld wieder,
40 Göttlichere Lenze blüh'n.

Mächtig durch die Liebe, winden
Von der Fessel wir uns los,
Und die trunknen Geister schwinden
Zu den Sternen, frei und groß!
45 Unter Schwur und Kuss vergessen
Wir die träge Flut der Zeit,
Und die Seele naht vermessen
Deiner Lust, Unendlichkeit!

Friedrich Hölderlin (1770–1843)

Arbeitsanregungen
1. Vergleichen Sie die Sprache dieser Hymne mit Schillers berühmter „Ode an die Freude". Wo erkennen Sie Ähnlichkeiten?
Ließe sich Hölderlins Begriff von „Liebe" in diesem Gedicht ähnlich deuten wie Schillers Wort „Freude"? – Belegen Sie Ihre Ansicht am Text.
2. Prüfen Sie, ob Beethovens Vertonung auch auf Hölderlins Text passen würde.

Musterinterpretation: Ein Gedichtvergleich

Christian Morgenstern (1871–1914)
Ohne Titel (um 1908)

Es ist Nacht,
und mein Herz kommt zu dir,
hält's nicht aus,
hält's nicht aus mehr bei mir.

5 Legt sich dir auf die Brust,
wie ein Stein,
sinkt hinein,
zu dem deinen hinein.

Dort erst,
10 dort erst kommt es zur Ruh,
liegt am Grund
seines ewigen Du.

Clara Müller-Jahnke (1860–1905)
Das ist der Schatten

Magst du mich ganz in deine Flammen hüllen
Und mag das Blut, das deinen Leib durchmisst,
Mein Herz durchpulsen, meine Adern füllen –
Es bleibt ein Rest, ein Rest, der du nicht bist.

5 Das ist der Schatten unsrer Sonnenliebe,
Auf unsern Himmelstraum, der Erdenspott.
Wenn dieser Rest, du, dieser Rest nicht bliebe:
Wir wären Gott.

Die folgenden Ausführungen verstehen sich nicht als erschöpfende Textinterpretation, sondern sollen nur einige Aspekte beider Gedichte exemplarisch kontrastiv nebeneinanderstellen und zeigen, wie ein Gedichtvergleich gemacht sein kann:

Einleitung
Was bleibt dem Ich, das in Liebe ganz auf einen anderen bezogen ist? Und wie viel von dem anderen wird von einem selbst beansprucht? Wie viel gibt und wie viel nimmt jeder? Verzehrt die Liebe oder bereichert sie? – Um solche Fragen kreisen die Gedichte Morgensterns und Müller-Jahnkes, die um die Wende vom 19. zum 20. Jahrhundert entstanden sind.

Hauptteil
Morgensterns Gedicht zeigt eine vollendete Entsprechung von Form und Inhalt: In der ersten Strophe finden wir eine Beschreibung der Gefühlswelt des lyrischen Ichs. Die anfängliche Unerträglichkeit der Distanz wird durch das zweimalige „hält's nicht aus" (V. 3 u. 4) unterstrichen, dem in der dritten Strophe das erleichterte „Dort erst" entspricht (V. 9 u. 10). Beide Male findet sich in der kreuzweise angelegten Reimzeile eine Verbindung des Herzens als Subjekt des Satzes mit dem geliebten Partner als Objekt. „Dir und „mir" bilden ebenso einen sinnigen Reim wie „Ruh" und „Du", sodass allein schon die Reimwörter der umarmenden Strophen den Inhalt des Gedichts unterstreichen. Verstärkt wird dies durch die mittlere Strophe, die die Vereinigung der beiden Herzen beschreibt – bezeichnenderweise durch einen mehrfachen Reim: „Stein-hinein" und, als Assonanz (auch das ist sinntragend und ein Bild für die Vereinigung), „deinen-hinein". Ruhe findet das lyrische Ich nur in der tiefsten geistigen Verbindung „am Grund seines ewigen Du" (V. 11 f). So weit geht Clara Müller-Jahnke in ihrem Gedicht gerade nicht. Die geistige wie auch körperliche Einheit beider Liebenden findet ihre natürliche Grenze in einem „Rest" (sprachlich ebenso durch Wiederholung hervorgehoben wie die Wendungen bei Morgenstern), den der jeweils andere nicht auszufüllen vermag, in einem Stück eigener, unverwechselbarer Persönlichkeit, der als „Schatten" auf einer alles überstrahlenden Liebe liegt, der aber dem Menschsein immanent ist. Diese Unvollkommenheit findet ihren formalen Ausdruck in der verkürzten letzten Zeile eines ansonsten sehr regelmäßig gebauten Gedichts aus fünfhebigen Jamben. Die Grundkonstruktion aus Bedingungssatz und Hauptsatz verleiht dem Gedicht von Müller-Jahnke etwas Rationales, eine gewisse Distanz, die dem Text von Morgenstern gänzlich fehlt.

Schluss
Beide Gedichte sprechen von der geistigen Vereinigung des lyrischen Ichs mit einem direkt angesprochenen (wenngleich möglicherweise abwesenden) Du. Diese wird in Morgensterns Gedicht als vollständig angesehen, wohingegen Müller-Jahnke sie in ihrem Text als dem Menschen nur teilweise möglich ansieht.

INFOBLOCK

DER GEDICHTVERGLEICH

Zunächst gilt es herauszufinden, welche Aspekte sich zum Vergleich eignen – so ist es zum Beispiel nicht sinnvoll, einfach Reimschema und Versmaß usw. zu vergleichen, wenn sich daraus keine Folgerungen für die Interpretation ableiten lassen. Dann werden die Gedichte nacheinander interpretiert, wobei es sich oft anbietet, nicht strophenweise vorzugehen, sondern nach bestimmten Aspekten zu gliedern und dabei auch Querverweise auf das Vergleichsgedicht anzustellen.
Einleitung und Schluss sollten beide Gedichte in allgemeiner Form thematisieren, wobei der Schluss die im Hauptteil erarbeiteten Aspekte auf einer abstrakteren Ebene zusammenfasst (Vorsicht vor Wiederholungen!).

GEDICHTFORMEN

Elegie: Aus der Antike kommende Gedichtform, die meist eine resignierend-wehmütige Stimmung, die Sehnsucht nach etwas Unerreichbarem, ausdrückt. Elegien sind seit dem 18. Jahrhundert nicht mehr unbedingt in der Form von Distichen (antike Metrik: Strophe aus zwei verschiedenen Versen) geschrieben. Häufige Themen: Abschied, Trennung, Sehnsucht, Erinnerung.

Hymne: Ursprünglich ein feierlicher Lobgesang mit religiösem Inhalt. Klopstock und der Sturm und Drang begründen eine neue, weltliche Form mit freien Rhythmen als Ausdruck ekstatischer Begeisterung.

Lied: Seit dem Mittelalter wichtigste und schlichteste Form der Lyrik, die – auch in der Gestalt des Volksliedes – menschliche Gefühle zum Ausdruck bringt. In der Dichtung zur Kunstform entwickelt, aber immer in der Nähe zu volkstümlicher Gefühlslyrik.

Ode: Meist reimlose, strophisch gegliederte, lange Gedichtform, die einem festen Metrum folgen kann, aber nicht muss. Typisch für die Ode ist der hohe, pathetische Sprachstil, der zur Erhabenheit der behandelten Themen (Gott, Religion, Staat, Kunst, Freundschaft, Liebe ...) passt. Häufig richtet sich das lyrische Ich an ein Gegenüber.

Sonett: Streng gebautes Reimgedicht aus 14 Versen, die strophisch in zwei Quartette (je vier Verse) und zwei Terzette (je drei Verse) gegliedert sind. Am häufigsten findet sich die Reimordnung *abba abba ccd eed*. Im Barock dominiert der Alexandriner (sechsfüßiger Jambus mit Zäsur in der Mitte), doch gibt es in der Moderne viele Variationen sowohl im Versmaß als auch in der Reimbindung.

ZWISCHENBILANZ UND ANREGUNGEN ZUR WEITEREN ARBEITSPLANUNG

Sie haben in **Teil A** erste Definitionen von Liebe kennen gelernt und anhand von Texten aus unterschiedlichen Epochen einen Einblick in mögliche Themen sowie unterschiedliche Gedichtarten erhalten.

Aus zahllosen Liebesgedichten wurden für den **Teil B** möglichst unterschiedliche und möglichst markante Texte ausgesucht. Sie sollen einen Einblick in die unterschiedlichen Epochen ermöglichen.
Folgende Vorgehensweisen sind denkbar:
- Es kann zuerst mit dem thematisch strukturierten Kapitel begonnen werden.
- Es können einzelne Kapitel im Zusammenhang mit einer Ganzschrift der entsprechenden Epoche im Kurs gelesen werden. Kaum jemand wird den ganzen Band Gedicht für Gedicht durcharbeiten, aber ein chronologisches Vorgehen ist auf jeden Fall sinnvoll und möglich.
- Innerhalb der Kapitel lassen sich Schwerpunkte setzen, indem ein Autor oder eine Autorin vertieft behandelt wird.
- Ein großer Reiz besteht im Vergleich zeitlich entfernt entstandener Texte. Da ein Vergleich auch unter sozialgeschichtlichem Aspekt Vorkenntnisse benötigt, sollte nicht nur ein Epochenkapitel bearbeitet werden.

Schließlich weitet der **Teil C** das Thema noch in verschiedene Richtungen aus: Liebe und Kommunikation, Liebe in der Werbung. Dies soll z. B. als Anregungen für eigene Projekte dienen.

B „Liebe ist …" – Liebeslyrik vom Barock bis heute

1 Liebesgedichte des Barock

Die Literatur des Barock ist geprägt von den Erfahrungen des Dreißigjährigen Krieges und ist vor allem Teil der Repräsentationskunst der sich entwickelnden absolutistischen Höfe.

> **INFOBLOCK**
>
> **DIE LITERATUR DES BAROCK**
>
> Die nach dem Dreißigjährigen Krieg sich konsolidierenden, mehr oder weniger absolutistischen Kleinstaaten benötigten zur Verwaltung der neuen stehenden Heere, zur Einführung des römischen Rechts und des Kameralsystems eine große Anzahl Beamter, die sich zumeist aus der bürgerlichen Gelehrtenschicht rekrutierten. In diesem kurzen, aber bedeutungsvollen Zeitraum boten sich diesen bürgerlichen Gelehrten vorher so nicht gekannte Aufstiegschancen. Sie waren es, die häufig aktiv den Absolutismus propagierten und dessen in erster Linie **höfisch orientierte Repräsentationskunst** schufen.
>
> Die Literatur dieser Zeit, geprägt von den Erfahrungen des Krieges, den Verwüstungen, Seuchen und Hungersnöten, spiegelt die völlige Verunsicherung der Menschen: Nichts war beständig, nichts war das, was es zu sein vorgab. In der Literatur zeigte sich diese Verunsicherung an zahllosen Versuchen, Dinge durch Umschreibungen, Vergleiche, Definitionen begrifflich zu fixieren, ihnen auf den Grund zu kommen; andererseits versuchten alle Künste, diese Erkenntnisunfähigkeit des Menschen darzustellen: Theatermaschinerien erzeugten eine totale Illusion, Architekturmalerei und Stuck täuschten über die tatsächliche Beschaffenheit einer Saaldecke oder Kirchenkuppel hinweg. Die zentralen, immer wieder variierten Themen waren die des **„carpe diem" („Nutze den Tag")** und des **„memento mori" („Gedenke, dass du sterben wirst")**. Die Aussage Martin Opitz', Poesie sei „anfangs nichts anders gewesen als eine verborgene Theologie", formulierte diesen Anspruch der Weltdeutung, der sich von einer Auffassung herleitete, die allen Dingen Verweisungscharakter auf eine ihnen zu Grunde liegende Harmonie und höhere Ordnung zusprach. So nimmt es nicht wunder, dass **Allegorie** und **Emblem** wichtige Gestaltungsmittel darstellten.
>
> Alle erwähnten Aspekte machen die Bindung dieser Literatur an die **Rhetorik** unmittelbar einsichtig. Nicht ein „Ich" will sich mitteilen, sondern ein Redeziel erreicht sein. Diese grundsätzliche Bedeutung der Rhetorik darf auch dann nicht aus den Augen verloren werden, wenn man scheinbar persönliche Texte – wie zum Beispiel Liebesgedichte – betrachtet.

Martin Opitz (1597–1639) gilt als der Erneuerer der deutschen Dichtung im 17. Jahrhundert. In seinem „Buch von der deutschen Poeterey" (1624) formulierte er die Regeln, die fortan gelten sollten. Richtungweisend war seine Forderung, dass in der deutschen Lyrik der Versakzent mit dem natürlichen Wortakzent übereinstimmen solle. Durch Übersetzungen und eigene Werke gab er Anregungen für fast alle literarischen Gattungen.

Christian Hofmann von Hofmannswaldau (1617–1679) ist vor allem als Verfasser galanter Lyrik bekannt geworden. In Breslau geboren, kam er schon früh in Kontakt mit Literatur. Nach seinem Studium, u. a. in Leiden und Amsterdam, und ausgedehnten Bildungsreisen nach England, Paris und Italien war er als Jurist im Dienst der Stadt Breslau tätig. Er selbst gab eine Auswahl seiner Gedichte heraus, die 1679 nach seinem Tod erschien. Die meisten seiner Werke wurden erst Ende des 17. Jahrhunderts veröffentlicht.

B 1 Liebesgedichte des Barock

1.1 „Ist Liebe lauter nichts" – Petrarkismus

Martin Opitz
Sonnet[1] (1624)
Auß dem Italienischen Petrarchae.

Ist Liebe lauter nichts / wie daß sie mich entzündet?
    Ist sie dann gleichwol was / wem ist jhr thun bewust?
    Ist sie auch recht vnd gut / wie bringt sie böse Lust?
Ist sie nicht gut / wie daß man Freudt auß jhr empfindet?
5 Lieb ich gar williglich / wie daß ich Schmertzen trage?
    Muß ich es thun / was hilffts / daß ich solch trawren führ?
    Thue ichs nicht gern / wer ists / der es befihlet mir?
Thue ich es gern / warumb / daß ich mich dann beklage?
Ich wancke / wie das Gras / so von den kühlen Winden
10   Vmb Vesperzeit bald hin geneiget wirdt / bald her.
    Ich walle wie ein Schiff / daß in dem wilden Meer
Von Wellen vmbgejagt nicht kan zu rande finden.
Ich weiß nicht was ich will / ich will nicht was ich weiß /
    Im Sommer ist mir kalt / im Winter ist mir heiß.

[1] **Sonett:** entnommen dem Erstdruck 1624, Schreibweise im Original belassen

Arbeitsanregungen

1. Benennen Sie die Eigenschaften, die der Liebe zugeschrieben werden.
2. Zeigen Sie, welche sprachlichen Mittel diese Auffassung unterstreichen und wie sie wirken.

Christian Hofmann von Hofmannswaldau
Sonnet. Beschreibung vollkommener schönheit (vor 1679)

    Ein haar so kühnlich trotz der Berenice spricht /
Ein mund / der rosen führt und perlen in sich heget /
Ein zünglein / so ein gifft vor tausend hertzen träget /
    Zwo brüste / wo rubin durch alabaster bricht /
5   Ein hals / der schwanen-schnee weit weit zurücke sticht /
Zwey wangen / wo die pracht der Flora sich beweget /
Ein blick / der blitze führt und männer niederleget /
    Zwey armen / deren krafft offt leuen hingericht /
Ein hertz / aus welchem nichts als mein verderben quillet /
10 Ein wort / so himmlisch ist / und mich verdammen kan /
    Zwey hände / derer grimm mich in den bann gethan /
Und durch ein süsses gifft die seele selbst umhüllet /
    Ein zierrath / wie es scheint / im paradieß gemacht /
    Hat mich um meinen witz und meine freyheit bracht.

Arbeitsanregungen

1. Stellen Sie fest, was und wie es „beschrieben" wird.
2. Untersuchen Sie in beiden Gedichten die Reimstruktur und verwenden Sie die Ergebnisse für Ihre Deutung.

INFOBLOCK

Petrarkismus: Das Vorbild der Sonette Francesco Petrarcas (1304–1374) beeinflusste die Liebeslyrik über Jahrhunderte. Nachgeahmt wurden v. a. die idealisierenden Beschreibungen der Frau, die bald formelhaft verwendet wurden. Auch paradoxe Motive wie die „Schmerzliebe", die Antithesen und Oxymora (beliebte Stilmittel des Barock) geradezu erzwungen, oder Beschreibungen der Liebe als „Feuer" oder „Tod" wurden feste Elemente der erst entstehenden deutschen Lyrik. Die nicht persönlich-individuelle Sprache eignete sich zur Darstellung der Liebe im Rahmen der höfisch-unterhaltenden Dichtung, die im Spannungsfeld zwischen Emotionalität und christlich orientierter Moral stand.

1.2 „Ist Lieb ein Feur" – Emblematik

Sibylla Schwarz
Ohne Titel (vor 1638)

Ist Lieb ein Feur / und kan das Eisen schmiegen /
bin ich voll Feur / und voller Liebes Pein /
wohrvohn mag doch der Liebsten Hertze seyn?
wans eisern wär / so würd eß mir erliegen /
5   wans gülden wär / so würd ichs können biegen
durch meine Gluht; solls aber fleischern seyn /
so schließ ich fort: Eß ist ein fleischern Stein:
doch kan mich nicht ein Stein / wie sie / betriegen.
  Ists dan wie Frost / wie kalter Schnee und Eiß /
10 wie presst sie dann auß mir den Liebesschweiß?
  Mich deucht: Ihr Herz ist wie die Loorberblätter /
die nicht berührt ein starcker Donnerkeil /
sie / sie verlacht / Cupido / deine Pfeil;
und ist befreyt für deinem Donnerwetter.

> Sibylla Schwarz (1621–1638) übersetzte aus dem Lateinischen und Holländischen und schrieb selbst ab dem elften Lebensjahr Gedichte, in denen sie sich an ihrem Vorbild Opitz orientierte. Sie schrieb in ihrem kurzen Leben zahlreiche Gedichte, die 1650 von Samuel Gerlach in zwei Bänden herausgegeben wurden.

Arbeitsanregungen

1. Interpretieren Sie das Sonett von Sibylla Schwarz vor dem Hintergrund der Infoblocks zum ▷ Barock, S. 14, und ▷ Petrarkismus, S. 15.
2. Untersuchen Sie die Reimstruktur des Sonetts und beschreiben Sie, inwieweit die Reimstruktur die inhaltliche Struktur spiegelt.

INFOBLOCK

Embleme sind dreiteilige Kunstwerke, die aus einer sentenzenhaften Überschrift (Motto, Inscriptio), einem Bild (Pictura) und einem den Bildinhalt deutenden Text, meist in Form eines Epigramms (Subscriptio), bestehen.

Inscriptio:
„Schau diesen an und sei fromm."

Pictura:
Hand aus den Wolken hält ein menschliches Gerippe; dahinter Szenen des täglichen Lebens und eine Kirche.

Subscriptio:
„Du willst fromm sein: Sieh dir nur diesen an, der einst war, was du bist, und, was du sein wirst, bald schon selbst sein wird: Asche."

Ziel des Emblems ist die anschauliche Darstellung abstrakter Sachverhalte. Im Mittelpunkt steht häufig ein Beispiel aus der Natur, das eine originelle Deutung erfährt. Die Emblematik erwächst aus der Überzeugung, dass die Natur als Offenbarung Gottes lesbar ist und Verweisungscharakter für den Menschen hat.
Die Struktur des Emblems findet sich auch in literarischen Texten. So können oft die Überschrift eines Sonetts als *Motto*, die Quartette als *Pictura* und die Terzette als *Subscriptio* gelesen werden.

B 1 Liebesgedichte des Barock

1.3 „Ach Liebste/laß uns eilen" – *carpe diem* und *memento mori*

Gegensätze prägen die barocke Kunst: Diesseits und Jenseits, Lebensgenuss und Weltangst, Verspieltheit und Strenge. „Carpe diem – pflücke/nutze den Tag" ist die Aufforderung, einerseits das Leben zu genießen, es andererseits aber auch Gott wohlgefällig zu führen. Der Mahnruf „memento mori" erinnert den Menschen an seine Sterblichkeit. Er ist aufgerufen, sich seines lasterhaften Lebens bewusst zu werden, umzukehren und zu bereuen. In der Liebeslyrik erhält der Hinweis auf den Tod eine besondere Funktion: Er soll die Geliebte zur Gegenliebe bewegen.

Christian Hofmann von Hofmannswaldau
Vergänglichkeit der schönheit. (vor 1679)

    Es wird der bleiche tod mit seiner kalten hand
Dir endlich mit der zeit um deine brüste streichen /
    Der liebliche corall der lippen wird verbleichen;
    Der schultern warmer schnee wird werden kalter sand /
5   Der augen süsser blitz / die kräffte deiner hand /
Für welchen solches fällt / die werden zeitlich weichen /
Das haar/ das itzund kan des goldes glantz erreichen /
    Tilgt endlich tag und jahr als ein gemeines band.
Der wohlgesetzte fuß / die lieblichen gebärden /
10 Die werden theils zu staub / theils nichts und nichtig werden /
    Denn opffert keiner mehr der gottheit deiner pracht.
Diß und noch mehr als diß muß endlich untergehen /
Dein hertze kan allein zu aller zeit bestehen /
    Dieweil es die natur aus _____ gemacht.

    A fleisch und blut

    B diamant

    C reinem gold

    D lieb und treu

Martin Opitz
Ach Liebste/laß uns eilen
(1624)

Ach Liebste / laß uns eilen /
    Wir haben Zeit:
Es schadet das verweilen
    Uns beyderseit.
5 Der edlen Schönheit Gaben
    Fliehn fuß für fuß:
Das alles, was wir haben,
    Verschwinden muß.
Der Wangen Ziehr verbleichet /
10   Das Haar wird greiß /
Der Augen Fewer weicht /
    Die Brunst wird Eiß.
Das Mündlein von Corallen
    Wird ungestalt /
15 Die Händ' als Schnee verfallen /
    Und du wirst alt.
Drumb laß uns jetzt geniessen
    Der Jugend Frucht /
Eh' als wir folgen müssen
20   Der Jahre Flucht.
Wo du dich selber liebest /
    So liebe mich /
Gieb mir / das / wan du giebest /
    Verlier auch ich.

Arbeitsanregungen

1. Wählen Sie eine der angegebenen Varianten A–D für die Lücke im letzten Vers und begründen Sie Ihre Wahl. Diskutieren Sie, inwiefern sich die Aussage des Gedichts jeweils ändert.
2. Untersuchen Sie, wie Hofmannswaldau das Muster des petrarkistischen Schönheitslobes variiert.
3. Gliedern Sie das Gedicht von Opitz in Abschnitte und zeichnen Sie den Argumentationsgang nach.
4. Vergleichen Sie den Ton beider Gedichte.
5. Zeigen Sie, wie sich in diesen beiden Gedichten *carpe diem* und *memento mori* zueinander verhalten.

1.4 „Wie Er wolle geküsset seyn"
– Liebesdichtung als gesellschaftliche Unterhaltung

Paul Fleming
Wie Er wolle geküsset seyn. (vor 1640)

Nirgends hin / als auff den Mund /
da sinckts in deß Hertzen grund.
Nicht zu frey / nicht zu gezwungen /
nicht mit gar zu fauler Zungen.

5 Nicht zu wenig nicht zu viel.
Beydes wird sonst Kinder=spiel.
Nicht zu laut / und nicht zu leise /
Bey der Maß' ist rechte weise.

Nicht zu nahe / nicht zu weit.
10 Diß macht Kummer / jenes Leid.
Nicht zu trucken / nicht zu feuchte /
wie Adonis Venus reichte.

Nicht zu harte / nicht zu weich.
Bald zugleich / bald nicht zugleich.
15 Nicht zu langsam / nicht zu schnelle.
Nicht ohn Unterscheid der Stelle.

Halb gebissen / halb gehaucht.
Halb die Lippen eingetaucht.
Nicht ohn Unterscheid der Zeiten.
20 Mehr alleine / denn bey Leuten.

Küsse nun ein Jedermann
wie er weiß / will / soll und kan.
Ich nur / und die Liebste wissen /
wie wir uns recht sollen küssen.

Paul Fleming (1609–1640) studierte u. a. Medizin. Zwischen 1633 und 1639 war er Teil einer Gesandtschaft des Herzogs von Holstein, die ihn über Moskau bis nach Persien führte. Möglicherweise trug die lange Abwesenheit von der Heimat dazu bei, dass er traditionelle Formen souverän und eigenständig variierte.

Georg Philipp Harsdörffer
Der poetische Trichter (Auszug, 1650)

Der Poet handelt zuzeiten von der keuschen Lieb / als einer Tugend / von unkeuscher Liebe / als einem viehischen Laster / nicht zu dem Ende / daß er dardurch jemand / mit buhlerischen Grillen / ärgern wolle / sondern daß solche von unzimlichen Begierden / unterschieden werden solle. Wir Menschen können die Neigung zum Bösen nicht von uns werffen; aber selbe
5 wol im Zaum halten / und beherrschen. Man kan wol bey Frölichkeiten ein erfreuliches Schertzwort hören lassen: aber nicht mit groben Schandbossen / und Narrendeutungen / die den Christen nicht geziemen / aufgezogen kommen: jenes ist höflich und zulässig / dieses unhöflich / verwerflich und bey groben Gesellen / aber nicht bey ehrlichen und tugendliebenden Personen gebräuchlich.

Arbeitsanregungen

1. Diskutieren Sie die Frage, ob hier die Verhaltensregeln eines erotischen Kodexes dargestellt werden oder ob es um private Liebeserfüllung geht.
2. Untersuchen Sie, wodurch der Autor Abwechslung in der Reihung der Aspekte erzielt.
   Stellen Sie dar, welche Wirkung die Liedform hat.
   Fertigen Sie nun eine schriftliche Interpretation an.
3. Was lässt sich aus dem Textauszug aus Harsdörffers Poetik über das barocke Verständnis von Liebe, und damit von Affekten überhaupt, und von Liebeslyrik ableiten?

1.5 „Albanie" – Galante Dichtung

Christian Hofmann von Hofmannswaldau

        1.
   Albanie gebrauche deiner zeit /
  Und laß den liebes-lüsten freyen zügel /
   Wenn uns der schnee der jahre hat beschneyt /
5 So schmeckt kein kuß / der liebe wahres siegel /
   Jm grünen mäy grünt nur der bunte klee.
                   Albanie.
        2.
   Albanie / der schönen augen licht /
10 Der leib / und was auff den beliebten wangen /
   Jst nicht vor dich / vor uns nur zugericht /
   Die äpffel / so auff deinen brüsten prangen /
   Sind unsre lust / und süsse anmuths-see.
                   Albanie.
15   3.
   Albanie / was qvälen wir uns viel /
  Und züchtigen die nieren und die lenden?
   Nur frisch gewagt das angenehme spiel /
  Jedwedes glied ist ja gemacht zum wenden /
20 Und wendet doch die sonn sich in die höh.
                   Albanie.
        4.
   Albanie / soll denn dein warmer schooß
  So öd und wüst / und unbebauet liegen?
25 Jm paradieß da gieng man nackt und bloß /
  Und durffte frey die liebes-äcker pflügen /
   Welch menschen-satz macht uns diß neue weh?
                   Albanie.
        5.
30 Albanie / wer kann die süßigkeit /
  Der zwey vermischten geister recht entdecken?
   Wenn lieb und lust ein essen uns bereit /
  Das wiederholt am besten pflegt zu schmecken /
   Wünscht nicht ein hertz / daß es dabey vergeh?
35   Albanie.
        6.
   Albanie / weil noch der wollust-thau
  Die glieder netzt / und das geblüte springet /
   So laß doch zu / daß auff der Venus-au
40 Ein brünstger geist dir kniend opffer bringet /
   Daß er vor dir in voller andacht steh.
                   Albanie.

Christian Hölmann (1677–1744)
An Celien (1704)

   Lacht, ihr stunden,
mich von neuem an,
   Weil ich gefunden,
Was mich vergnügen kan,
5   Celie, der schönen zier,
    Ist wieder hier.

   Mein vergnügen
Keimt von neuen auff,
   Diß muß erliegen,
10 Was hindert dessen lauff,
   Denn die lippen meiner zier
    Sind wieder hier.

   Meine flammen
Facht die sehnsucht an,
15   Wer wil verdammen
Diß, was mich heilen kan?
   Weil die brüste, schönstes kind,
    Hier wieder sind.

   Auff, ihr sehnen,
20 Auff und fiedert euch!
   Weg, ihr thränen!
Hier ist mein freuden-reich!
   Auge, lippe, brust und schooß
    Sind wieder loß.

25   Laß uns lieben,
Schönste, recht vergnügt,
   Laß das betrüben
Von freuden seyn besiegt,
   Nach dem trauren muß erfreun
30   Das labsal seyn.

Arbeitsanregungen

1. Zeigen Sie, dass Hofmannswaldau in „Albanie" mit den Mustern barocker Liebesdichtung spielt, indem Sie die Ironie auf unterschiedlichen Ebenen herausarbeiten (Wortwahl, Stilebene, Bilder, Reim).
2. Vergleichen Sie beide Gedichte.

INFOBLOCK

„GALANTE" DICHTUNG

Der Jurist und Aufklärer Christian Thomasius (1655–1728) beschreibt Galanterie als etwas, das „aus der guten Art etwas zu thun, aus der manier zu leben, so am Hofe gebräuchlich ist, aus Verstand, Gelehrsamkeit, einen guten judicio, Höfflichkeit, und Freudigkeit zusammen gesetzet werde".

Die galante Dichtung orientiert sich nicht mehr am „schweren Schmuck" des frühen Barock: „Das Ziel der galanten Dichtung ist ein mittlerer, leicht verständlicher, doch gleichwohl einfallsreicher Stil, der keineswegs den Ornatus ausschalten will, ihn aber von den Extremen der scharfsinnigen und dekorativen Metaphorik zu reinigen sucht.. ‚Anmut' wird zu einem häufig gebrauchten Ausdruck, um das erstrebte Stilideal zu charakterisieren." (Volker Meid: Barocklyrik. Stuttgart: Metzler, 1986, S. 127)

Johann Christian Günther (1695–1723) gilt als einer der interessantesten Dichter zwischen Barock und Aufklärung. Aus einem ärmlichen Arzthaushalt in Schlesien stammend, beschloss er schon früh, als freier Schriftsteller zu leben, ein zur damaligen Zeit äußerst ungewöhnliches Ziel. Viele Anekdoten ranken sich um sein unstetes, ökonomisch erfolgloses Leben als Bohemien. Er war aber einer der ersten, der eigenes Erleben in die Dichtung einfließen ließ, wenn auch die Grundlagen seines Dichtens nach wie vor in der barocken Tradition liegen.

Johann Christian Günther
An Leonore (1719/20)

Gedenk an mich und sei zufrieden
Mit dem, was Glück und Zeit beschert;
Wir werden noch einmal geschieden
Und scheinen solcher Prüfung wert.
5 Die wahre Treu' erinnert dich:
Halt an, halt aus und denk an mich!

Gedenke der vergangnen Tage,
Wie manches Kreuz, wie manche List,
Wie manche Lust, wie manche Plage
10 Bereits damit vergangen ist;
Gedenk an Altan, Hof und Herd,
Wobei sich dir mein Herz erklärt.

Gedenk an unser Abschiednehmen,
Insonders an die letzte Nacht,
15 In der wir mit Gebet und Grämen
Die kurzen Stunden hingebracht;
Gedenk auch an den treuen Schwur,
Der dort aus deinen Lippen fuhr.

Gedenk an mich an jedem Morgen
20 Und wenn die Sonne täglich weicht,
Gedenk an mich bei Fleiß und Sorgen,
Mein Bildnis macht sie süß und leicht.
Verletzt dich auch der Mißgunst Stich,
Der beste Trost: Gedenk an mich.

25 Gedenk auch an die frohen Zeiten,
Die noch in Wunsch und Zukunft sind;
Die Vorsicht wird uns glücklich leiten,
Bis Lieb und Treu den Kranz gewinnt.
Ein Augenblick vergnügter Eh'
30 Bezahlt ein Jahr voll Angst und Weh.

Gedenk auch an mein heutig Küssen,
Es gibt der Hoffnung frische Kraft,
Es wird dein Warten trösten müssen,
Es nährt die alte Leidenschaft;
35 Doch denk auch endlich, liebst du mich,
Allzeit und überall an dich!

Arbeitsanregungen

1. Finden Sie heraus, welche Werte implizit in diesem Gedicht formuliert werden, indem Sie z. B. jeder Strophe eine Überschrift geben oder Schlüsselbegriffe markieren.
2. Formulieren Sie die Vorstellung von Liebe, die diesem Gedicht zu Grunde liegt.
3. Zeigen Sie, welche Elemente des Gedichts auf die Dichtungstradition des Barock verweisen und welche ein neues Dichtungsverständnis signalisieren.

2 Liebeslyrik im 18. und 19. Jahrhundert

INFOBLOCK

VON DER AUFKLÄRUNG ZUR WEIMARER KLASSIK

Es sei vorausgeschickt, dass jede Art literaturgeschichtlicher Systematisierung als Vereinfachung und als Hilfestellung verstanden werden muss, nicht als absolut Gültiges und am Text jederzeit Nachweisbares. Selbst wenn jede Epoche Schnittstellen unterschiedlichster Texte zeigt, die gemeinsame, als „typisch" zu deutende Züge offenbaren, ist es nicht ratsam, Texte zu schematisieren, bevor man sich genau um ihre Textgestalt gekümmert hat.

ROKOKO

Das literarische Rokoko (die Anakreontik) huldigt nach dem Vorbild des griechischen Dichters Anakreon der Idylle ländlicher Abgeschiedenheit als Ort trauter Zweisamkeit, der Liebe und der Sinnenfreude. Es stellt ein Bindeglied zwischen dem höfisch orientierten Barock und der bürgerlich ausgerichteten Aufklärung dar.

AUFKLÄRUNG

„Habe Mut, dich deines eigenen Verstandes zu bedienen" (Immanuel Kant): Die Aufklärung ist von der Überzeugung geprägt, dass man mittels Vernunft und Verstand eine bessere Welt schaffen könne. Sie wendet sich gegen den Pomp und die Ornamentik des Barock und fordert in der Kunst Natürlichkeit, was gleichbedeutend ist mit Einfachheit und sinnhafter Schlichtheit. Glaube und Gefühl werden nicht ausgeschlossen, gleichwohl aber rational hinterfragt: Sie sollen durch vernünftiges Handeln in einer für die Gemeinschaft aller sinnvollen oder zumindest verträglichen Form zum Ausdruck kommen. Lyrik, insbesondere Liebeslyrik, ist während der Aufklärung eher eine Randerscheinung; häufige Textsorten sind dagegen jene mit lehrhafter Absicht: Fabel, Drama, Aphorismus, Streitschrift usw.

STURM UND DRANG

Der Sturm und Drang ist nur scheinbar eine Gegenbewegung zur Aufklärung, in Wirklichkeit handelt es sich bei dieser (sehr kurzen) Epoche eher um eine individualisierte Form selbstbewussten bürgerlichen Denkens. Die ausnahmslos jungen Dichter fordern die Unabhängigkeit des Individuums und betonen dessen Recht auf Selbstverwirklichung, was sprachlich häufig durch einen gefühlsbetonten Stil zum Ausdruck kommt (Ausrufe, Neologismen, Ellipsen etc.), inhaltlich durch das Aufbegehren gegen gesellschaftliche Normen und Konventionen. Aufklärung und Sturm und Drang sind gleichermaßen bürgerliche Epochen, die sich gegen Adelswillkür, gegen die Unterdrückung des Einzelnen und für die Emanzipation des Bürgertums einsetzen.

EMPFINDSAMKEIT

Vorbereitet wurde der Sturm und Drang von der Empfindsamkeit, einer zur damaligen Zeit sehr populären literarischen Strömung, die der Innerlichkeit verpflichtet und durch den Rückzug des Einzelnen aus der Öffentlichkeit in die Bereiche des eigenen Ichs gekennzeichnet ist. Klopstock spielt hier eine zentrale Rolle.

WEIMARER KLASSIK

Die Weimarer Klassik ist getragen von dem Wunsch nach Universalität. Kunst und Wissenschaft befruchten sich gegenseitig, man bemüht sich um ein ganzheitliches Verständnis der Natur, ohne dass diese so emotional und subjektiv erlebt würde wie im Sturm und Drang. Nun geht es mehr um geistige Durchdringung als um gefühlsmäßiges Erfassen. Das Menschenbild der Epoche orientiert sich an der Antike, die dabei allerdings idealisiert wird. Zeitkritische oder gar politische Töne sind eher selten. Die Dichtung will Vorbilder schaffen und strebt zum Überzeitlichen. Sie versteht sich als Vermittlerin von Bildung, die ihrerseits dazu beitragen soll, die Menschen zu verbessern und zu erziehen, damit eine eigenverantwortliche, bürgerliche Gesellschaft entstehen kann.

2.1 „Mir schlug das Herz …" – Innerlichkeit im 18. Jahrhundert

Gotthold Ephraim Lessing
Die schlafende Laura (1753)

Nachlässig hingestreckt,
Die Brust mit Flor bedeckt,
Der jedem Lüftchen wich,
Das säuselnd ihn durchstrich,
5 Ließ unter jenen Linden
Mein Glück mich Lauren finden.
Sie schlief, und weit und breit
Schlug jede Blum' ihr Haupt zur Erden,
Aus missvergnügter Traurigkeit,
10 Von Lauren nicht gesehn zu werden.
Sie schlief, und weit und breit
Erschallten keine Nachtigallen,
Aus weiser Furchtsamkeit,
Ihr minder zu gefallen,
15 Als ihr der Schlaf gefiel,
Als ihr der Traum gefiel,
Den sie vielleicht jetzt träumte,
Von dem, ich hoff' es, träumte,
Der staunend bei ihr stand,
20 Und viel zu viel empfand,
Um deutlich zu empfinden,
Um noch es zu empfinden,
Wie viel er da empfand.
Ich ließ mich sanfte nieder,
25 Ich segnete, ich küsste sie,
Ich segnete, und küsste wieder:
Und schnell erwachte sie.
Schnell taten sich die Augen auf.
Die Augen?
– nein, der Himmel tat sich auf.

Friedrich Gottlieb Klopstock
Das Rosenband (1753)

Im Frühlingsschatten fand ich sie;
Da band ich sie mit Rosenbändern:
Sie fühlt' es nicht und schlummerte.

Ich sah sie an; mein Leben hing
5 Mit diesem Blick an ihrem Leben:
Ich fühlt' es wohl und wusst' es nicht.

Doch lispelt' ich ihr sprachlos zu,
Und rauschte mit den Rosenbändern:
Da wachte sie vom Schlummer auf.

10 Sie sah mich an; ihr Leben hing
Mit diesem Blick an meinem Leben,
Und um uns ward's Elysium.

John Vanderlyn (1775–1852):
Schlafende Ariadne (1808–12)

Arbeitsanregungen

1. Vergleichen Sie die beiden Gedichte: Welche Unterschiede, welche Gemeinsamkeiten sehen Sie?
2. Inwieweit kann die Untersuchung von Metrum und Reimschema zum Verständnis der Gedichte beitragen?
3. Würden Sie das Gemälde „Schlafende Ariadne" von John Vanderlyn als Illustration eines der Gedichte akzeptieren?
4. Eines der beiden lyrischen Ichs schreibt seiner Geliebten am Abend dieses Tages einen Liebesbrief … Verfassen Sie diesen Brief.

B 2 Liebeslyrik im 18. und 19. Jahrhundert

Georg Christoph Lichtenberg (19. Februar 1777)

[…] Die Frage: Ist die Macht der Liebe unwiderstehlich, oder kann der Reiz einer Person so stark auf uns wirken, dass wir dadurch unvermeidlich in einen elenden Zustand geraten müssen, aus welchem uns nichts als der ausschließliche Besitz dieser Person zu ziehen imstande ist? habe ich in meinem Leben unzähligemal bejahen hören von alt und jung und oft
5 mit aufgeschlagenen Augen und über das Herz gefalteten Händen, den Zeichen der innersten Überzeugung und der sich auf Diskretion ergebenden Natur. […] Die unwiderstehliche Gewalt der Liebe, uns durch einen Gegenstand entweder höchst glücklich oder höchst unglücklich zu machen, ist poetische Faselei junger Leute, bei denen der Kopf noch im Wachsen begriffen ist, die im Rat der Menschen über Wahrheit noch keine Stimme haben und meistens
10 so beschaffen sind, dass sie keine bekommen können. […]

Arbeitsanregungen
1. Fassen Sie kurz das Thema von Lichtenbergs Text zusammen.
2. Was kennzeichnet Lichtenbergs Position als eine der Aufklärung?
3. Nehmen Sie an, dass Lichtenberg vor dem Hintergrund seiner Äußerungen Stellung zum folgenden Gedicht des jungen Goethe nimmt. Formulieren Sie seine Stellungnahme aus.

Johann Wolfgang Goethe
Maifest (1771)

Wie herrlich leuchtet
Mir die Natur!
Wie glänzt die Sonne!
Wie lacht die Flur!

5 Es dringen Blüten
Aus jedem Zweig
Aus tausend Stimmen
Aus dem Gesträuch

Und Freud und Wonne
10 Aus jeder Brust.
O Erd', o Sonne,
O Glück, o Lust,

O Lieb', o Liebe,
So golden schön

15 Wie Morgenwolken
Auf jenen Höhn,

Du segnest herrlich
Das frische Feld,
Im Blütendampfe
20 Die volle Welt!

O Mädchen, Mädchen,
Wie lieb' ich dich!
Wie blinkt dein Auge,
Wie liebst du mich!

25 So liebt die Lerche
Gesang und Luft,
Und Morgenblumen
Den Himmelsduft,

Wie ich dich liebe
30 Mit warmen Blut,

Die du mir Jugend
Und Freud' und Mut
Zu neuen Liedern
Und Tänzen gibst.

―――――――

Alternative Schlussverse:

| Und ich bin glücklich, |
| Weil du mich liebst. |

| Sei ewig glücklich, |
| Wie du mich liebst. |

| Und wir sind glücklich, |
| Wenn du mich liebst. |

Arbeitsanregungen
1. Entscheiden Sie sich für einen der vorgegebenen Schlüsse und begründen Sie Ihre Wahl.
2. Zeigen Sie am Text, was das angesprochene Mädchen für das lyrische Ich bedeutet. Was wird dadurch über das lyrische Ich ausgesagt?
3. Untersuchen Sie, wie Liebe und Natur in dem Gedicht zusammenhängen.
4. Vergleichen Sie diese Naturdarstellung mit der in den Texten Klopstocks und Lessings (S. 22).
5. Untersuchen Sie den Gedichtaufbau: Wären einige der Strophen austauschbar? – Begründen Sie.
6. Vergleichen Sie das Gedicht sprachlich und inhaltlich mit dem folgenden, nur fünf Jahre jüngeren. Wie stellt sich das lyrische Ich dort dar?

Johann Wolfgang Goethe
Ohne Titel (14.4.1776)

Warum gabst du uns die tiefen Blicke,
Unsre Zukunft ahndungsvoll zu schaun,
Unsrer Liebe, unserm Erdenglücke
Wähnend selig nimmer hinzutraun?
5 Warum gabst uns, Schicksal, die Gefühle,
Uns einander in das Herz zu sehn,
Um durch all' die seltenen Gewühle
Unser wahr Verhältnis auszuspähn?

Ach, so viele tausend Menschen kennen,
10 Dumpf sich treibend, kaum ihr eigen Herz,
Schweben zwecklos hin und her und rennen
Hoffnungslos in unversehnem Schmerz;
Jauchzen wieder, wenn der schnellen Freuden
Unerwart'te Morgenröte tagt.
15 Nur uns armen liebevollen beiden
Ist das wechselseit'ge Glück versagt,
Uns zu lieben, ohn' uns zu verstehen,
In dem andern sehn, was er nie war,
Immer frisch auf Traumglück auszugehen
20 Und zu schwanken auch in Traumgefahr.

Glücklich, den ein leerer Traum beschäftigt!
Glücklich, dem die Ahndung eitel wär'!
Jede Gegenwart und jeder Blick bekräftigt
Traum und Ahndung leider uns noch mehr.
25 Sag', was will das Schicksal uns bereiten?
Sag', wie band es uns so rein genau?
Ach, du warst in abgelebten Zeiten
Meine Schwester oder meine Frau.

Kanntest jeden Zug in meinem Wesen,
Spähtest, wie die reinste Nerve klingt, 30
Konntest mich mit *einem* Blicke lesen,
Den so schwer ein sterblich Aug' durchdringt;
Tropftest Mäßigung dem heißen Blute,
Richtetest den wilden irren Lauf,
Und in deinen Engelsarmen ruhte 35
Die zerstörte Brust sich wieder auf;

Hieltest zauberleicht ihn angebunden
Und vergaukeltest ihm manchen Tag.
Welche Seligkeit glich jenen Wonnestunden,
Da er dankbar dir zu Füßen lag, 40
Fühlt' sein Herz an deinem Herzen schwellen,
Fühlte sich in deinem Auge gut,
Alle seine Sinnen sich erhellen
Und beruhigen sein brausend Blut.

Und von allem dem schwebt ein Erinnern 45
Nur noch um das ungewisse Herz,
Fühlt die alte Wahrheit ewig gleich im Innern,
Und der neue Zustand wird ihm Schmerz.
Und wir scheinen uns nur halb beseelet,
Dämmernd ist um uns der hellste Tag. 50
Glücklich, dass das Schicksal, das uns quälet,
Uns doch nicht verändern mag.

Arbeitsanregung

Lesen Sie die beiden Infoblöcke über Goethe und die Frauen: An wen könnte dieses Gedicht gerichtet sein?

INFOBLOCK

GOETHE UND DIE FRAUEN I

Während seines Studiums in Straßburg verliebte sich Goethe leidenschaftlich in Friederike Brion, eine Pfarrerstochter in Sesenheim, einem wenige Reitstunden von Straßburg entfernten Ort. Das Verhältnis der beiden wurde immer inniger, die Besuche Goethes häufiger und der Briefwechsel leidenschaftlicher. Als Goethe jedoch sein Studium der Rechte mit der Promotion abgeschlossen hatte, musste er auf Drängen des Vaters nach Frankfurt zurückkehren. Er hatte aber nicht den Mut, ihr die Wahrheit zu sagen und endgültig Abschied zu nehmen, obwohl er sich andererseits auch nie an Friederike binden wollte. Also schrieb er ihr von Frankfurt aus einen Brief, der die Verbindung löste. Die Antwort Friederikes ist nicht erhalten, doch Goethe schreibt, sie habe ihm das Herz zerrissen. Friederike blieb ihr Leben lang unverheiratet und wohnte bei den Eltern und später bei der Schwester. Sie starb 1813.
Literarisches Zeugnis der Sesenheimer Zeit sind Gedichte wie „Willkomm und Abschied" oder „Maifest" (später umbenannt in „Mailied").

B 2 Liebeslyrik im 18. und 19. Jahrhundert

Georg Engelbach (1817–1890): Friederike Brion (1752–1813)

Am 9. Juni 1772 lernte Goethe auf einem Ball Charlotte Buff kennen. Wie in seinem Werther beschrieben, tanzte er den ganzen Abend mit ihr und verliebte sich leidenschaftlich in sie. Charlotte war mit dem Gesandtschaftssekretär Johann Christian Kestner verlobt, mit dem Goethe ebenfalls innige Freundschaft verband. Als die Beziehung verhängnisvoll zu werden drohte, verließ Goethe die beiden im September 1772. Aus der Beziehung und der schmerzhaften Trennung heraus entstand Goethes Briefroman „Die Leiden des jungen Werther", der damals weit über Deutschland hinaus Furore machte.

Charlotte Kestner, geb. Buff (1753–1828, anonym. Miniatur um 1785)

Johann Wolfgang Goethe
Willkomm und Abschied

Erste Fassung (1771)

Mir schlug das Herz. Geschwind, zu Pferde!
Und fort, wild wie ein Held zur Schlacht.
Der Abend wiegte schon die Erde,
Und an den Bergen hing die Nacht.
5 Schon stund im Nebelkleid die Eiche
Wie ein getürmter Riese da,
Wo Finsternis aus dem Gesträuche
Mit hundert schwarzen Augen sah.

Der Mond von einem Wolkenhügel
10 Sah schläfrig aus dem Duft hervor,
Die Winde schwangen leise Flügel,
Umsausten schauerlich mein Ohr.
Die Nacht schuf tausend Ungeheuer,
Doch tausendfacher war mein Mut,
15 Mein Geist war ein verzehrend Feuer,
Mein ganzes Herz zerfloss in Glut.

Ich sah dich, und die milde Freude
Floß aus dem süßen Blick auf mich.
Ganz war mein Herz an deiner Seite,
20 Und jeder Atemzug für dich.
Ein rosenfarbes Frühlingswetter
Lag auf dem lieblichen Gesicht
Und Zärtlichkeit für mich, ihr Götter,
Ich hofft' es, ich verdient' es nicht.

25 Der Abschied, wie bedrängt, wie trübe!
Aus deinen Blicken sprach dein Herz.
In deinen Küssen welche Liebe,
O welche Wonne, welcher Schmerz!
Du gingst, ich stund und sah zur Erden
30 Und sah dir nach mit nassem Blick.
Und doch, welch Glück! geliebt zu werden,
Und lieben, Götter, welch ein Glück!

Arbeitsanregungen

1. Erarbeiten Sie jene sprachlichen Elemente des Gedichts, die es als Text des Sturm und Drang kennzeichnen. Beachten Sie in diesem Zusammenhang auch die Darstellung der Natur und deren Funktion.
2. Wie sind die beiden Liebenden in ihrem Verhältnis zueinander dargestellt?
3. Goethe verfasste im Jahr 1789 eine zweite Version dieses Gedichts. Besorgen Sie sich diese Version und analysieren Sie die Veränderungen, die er vorgenommen hat: Inwiefern zeigen diese auch eine Veränderung seines Frauenbilds?

INFOBLOCK

GOETHE UND DIE FRAUEN II

Die für Goethe prägendste Frauenfigur ist ohne Zweifel Charlotte von Stein (1742-1827). Ihr schrieb er zahllose Briefe, in die er sehr häufig Gedichte einstreute. Mit Charlotte von Stein verband Goethe eine platonische und geistige Liebe, eine Liebe also, wie sie von der damaligen Gesellschaft durchaus toleriert wurde. Charlotte von Stein war geprägt von höfisch-aristokratischer Geistes- und Lebenshaltung, die viel auf Anstand und Sitte gab. Nach einigen Jahren begann Goethe, unter dieser Situation immer mehr zu leiden, und seine Flucht nach Italien im Jahr 1786 mag zum Teil auch darauf zurückzuführen sein.

Charlotte von Stein (1742–1827, Selbstbildnis, zwischen zwei Spiegeln gezeichnet)

J. W. Goethe: Christiane Vulpius (1765–1816, Zeichnung)

Als er zwei Jahre später aus Italien zurückkehrte, hatte sich das Verhältnis merklich abgekühlt und als Goethe gar noch im selben Jahr Christiane Vulpius, eine einfache Blumenbinderin, kennen lernte, war die Beziehung so gut wie beendet. Zwischen Goethe und Christiane entwickelte sich indessen rasch ein Liebesverhältnis und Goethe nahm sie in sein Haus auf. Ein Jahr später wurde der Sohn August geboren, dem vier weitere Kinder folgten, die alle sehr früh starben. Die gehobene Gesellschaft Weimars lehnte die unstandesgemäße Verbindung zwar ab, doch Goethe festigte sie, indem er Christiane 1806 heiratete. Sie starb am 6. Juni 1816 nach langem, fürchterlichem Leiden an Urämie.

1814 besuchte Goethe einen alten Bekannten, Johann Jakob Willemer. Dort lernte er dessen Frau Marianne kennen, die ihm gleich sehr imponierte. Von nun an besuchte er das Ehepaar häufiger auf dessen idyllisch gelegener Gerbermühle, wo er an seinem „West-östlichen Divan" arbeitete. Marianne nahm großen Anteil an der Dichtung, fügte auch einige Strophen und Verse hinzu und kurz vor Ende seines Besuchs brachte Goethe seine Zuneigung in dem ersten Hatem-Lied (s. S. 76) erstmals zu Papier. Alle wussten jedoch, dass ein wahrscheinlich endgültiger Abschied bevorstehen würde. Am 15. September 1815 trafen sich die beiden zum letzten Mal. An diesem Abend schrieb Goethe das Gedicht „Ginkgo Biloba", das er, mit Ginkgo-Blättern verziert, Marianne zueignete.

Johann Jacob de Lose (1755–1813): Marianne von Willemer (1784–1860)

Im Sommer 1821 begegnete der mittlerweile 72-jährige Goethe in Marienbad der 34-jährigen Witwe Amalie von Levetzow und deren 17-jähriger Tochter Ulrike. Zu Letzterer fasste er eine anfangs väterliche Zuneigung, die zwei Jahre später bei einem neuen Kuraufenthalt in Marienbad in leidenschaftliche Liebe umschlug. Dies ging so weit, dass Goethe das junge Mädchen heiraten wollte und durch Herzog Carl August bei der Mutter um ihre Hand anhielt. Diese lehnte höflich, aber bestimmt ab. Auf der Grundlage dieses Erlebnisses entstand die Marienbader Elegie, eine der berühmtesten Liebesklagen der Weltliteratur.

Ulrike von Levetzow (1804–1899, anonym. Pastell)

B 2 Liebeslyrik im 18. und 19. Jahrhundert

Friedrich Schiller
Brief an Charlotte von Lengefeld

[…] Ich fühle, dass ich glücklich bin und sein werde durch Dich, ich fühle es nicht weniger lebendig, dass Du es durch mich sein wirst. Ich fühle es, und dies gilt mir weit mehr, als wenn ich es mir in Vernunftschlüsse und diese in Worte auflösen könnte.
[…] Weil ich hoffe, mit Zuversichtlichkeit hoffe, dass Du zwischen Dich und mich nie einen
5 Dritten[1] treten lassen wirst, dass ich auch dann, wenn ich der Inhalt davon bin, Dein erstes Vertrauen haben werde, Deine erste Instanz sein werde, – weil ich dieses von Dir hoffe, darum, meine Liebe, meine Gute, kann ich ohne Besorgnis und Furcht Deine Hand annehmen. Diese Hingebung, dieses volle unmittelbare Vertrauen ist die notwendige Bedingung unserer künftigen Glückseligkeit; aber Du wirst es bald fühlen, dass sie auch zugleich der höchste Genuss
10 dieser Glückseligkeit ist. Die höchste Annäherung, welche möglich ist zwischen zwei Wesen, ist die schnelle, ununterbrochene, liebevolle Wahrheit gegeneinander …

Jena, 10. Februar 1790

[1] **einen Dritten:** Gemeint ist vermutlich Charlottes Schwester, zu der sie ein sehr enges Verhältnis hatte und die auch Schiller sehr schätzte.

Arbeitsanregungen
1. Zeigen Sie anhand des Briefes von Schiller an seine spätere Frau, welchen Begriff von „Liebe" er hat.
2. Was kennzeichnet Schillers Text als Liebesbrief? Belegen Sie Ihre Beobachtungen am Text.

Johann Wolfgang Goethe
Neue Liebe, neues Leben (1775)

Herz, mein Herz, was soll das geben?
Was bedränget dich so sehr?
Welch ein fremdes, neues Leben –
Ich erkenne dich nicht mehr.
5 Weg ist alles, was du liebtest,
Weg, warum du dich betrübtest,
Weg dein Fleiß und deine Ruh –
Ach, wie kamst du nur dazu!

Fesselt dich die Jugendblüte,
10 Diese liebliche Gestalt,
Dieser Blick voll Treu und Güte
Mit unendlicher Gewalt?
Will ich rasch mich ihr entziehen,
Mich ermannen, ihr entfliehen,
15 Führet mich im Augenblick,
– Ach –, mein Weg zu ihr zurück.

Und an diesem Zauberfädchen,
Das sich nicht zerreißen lässt,
Hält das liebe lose Mädchen
20 Mich so wider Willen fest.
Muss in ihrem Zauberkreise
Leben nun auf ihre Weise.
Die Veränderung, ach, wie groß!
Liebe, Liebe, lass mich los.

Johann Wolfgang Goethe
Nähe des Geliebten (1796)

Ich denke dein, wenn mir der Sonne Schimmer
 Vom Meere strahlt;
Ich denke dein, wenn sich des Mondes Flimmer
 In Quellen malt.

5 Ich sehe dich, wenn auf dem fernen Wege
 Der Staub sich hebt;
In tiefer Nacht, wenn auf dem schmalen Stege
 Der Wandrer bebt.

Ich höre dich, wenn dort mit dumpfem Rauschen
10 Die Welle steigt.
Im stillen Haine geh ich oft zu lauschen,
 Wenn alles schweigt.

Ich bin bei dir, du seist auch noch so ferne,
 Du bist mir nah!
15 Die Sonne sinkt, bald leuchten mir die Sterne.
 O wärst du da!

Arbeitsanregungen
1. Erarbeiten Sie sich stichwortartig Vergleichskriterien zu den Gedichten: Worauf wollen Sie achten, was lohnt sich zu vergleichen?
2. Verfassen Sie nun den Gedichtvergleich.

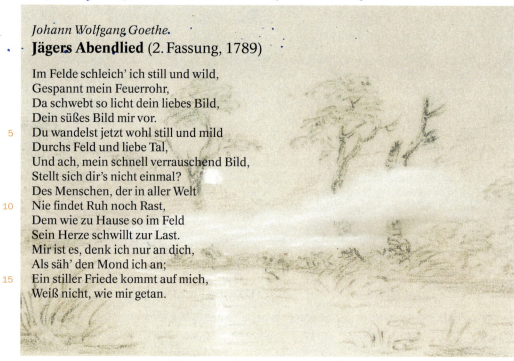

Johann Wolfgang Goethe
Jägers Abendlied (2. Fassung, 1789)

Im Felde schleich' ich still und wild,
Gespannt mein Feuerrohr,
Da schwebt so licht dein liebes Bild,
Dein süßes Bild mir vor.
5 Du wandelst jetzt wohl still und mild
Durchs Feld und liebe Tal,
Und ach, mein schnell verrauschend Bild,
Stellt sich dir's nicht einmal?
Des Menschen, der in aller Welt
10 Nie findet Ruh noch Rast,
Dem wie zu Hause so im Feld
Sein Herze schwillt zur Last.
Mir ist es, denk ich nur an dich,
Als säh' den Mond ich an;
15 Ein stiller Friede kommt auf mich,
Weiß nicht, wie mir getan.

Hintergrund – J. W. Goethe: Aufgehender Mond am Fluss (1777)

Arbeitsanregungen

1. Suchen Sie ein Gedicht Goethes für eine besondere Art von „Lesung" aus: Sie fotografieren ein Motiv, das Ihnen als Hintergrundbild für das Gedicht geeignet scheint. Dieses Bild zeigen Sie nun, während Sie den Text mit überlegter Intonation vorlesen. Zusätzlich spielen Sie als akustische Untermalung ein Musikstück ab, das Ihnen gut zu dem Gedicht zu passen scheint. Achten Sie darauf, dass Sie die Zeit des Vorlesens und die Dauer des Musikstücks in geeigneter Form aufeinander abstimmen. Wichtigstes Kriterium ist, dass Sie die Stimmung des gewählten Gedichts mit Ihrer Präsentation möglichst gut treffen.
2. Welchem der drei Gedichte auf dieser und der vorigen Seite würden Sie das Gemälde Chagalls am ehesten als Illustration beiordnen? – Begründen Sie.
3. Verfassen Sie zu dem Gemälde ein eigenes Gedicht, in dem Sie auch die im Bild verwendeten Motive aufgreifen (es muss sich nicht reimen).

Marc Chagall (1887–1985): Liebespaar mit Blumenstrauß (1963)

2.2 „Sie hat mir Treu versprochen..." – Die Epoche der Romantik

Johann Wolfgang Goethe
Gretchen am Spinnrade[1]

Meine Ruh ist hin,
Mein Herz ist schwer;
Ich finde sie nimmer
Und nimmermehr.

5 Wo ich ihn nicht hab,
Ist mir das Grab,
Die ganze Welt
Ist mir vergällt.

Mein armer Kopf
10 Ist mir verrückt,
Mein armer Sinn
Ist mir zerstückt.

Meine Ruh ist hin,
Mein Herz ist schwer;
15 Ich finde sie nimmer
Und nimmermehr.

Nach ihm nur schau ich
Zum Fenster hinaus,
Nach ihm nur geh ich
20 Aus dem Haus.

Sein hoher Gang,
Sein' edle Gestalt,
Seines Mundes Lächeln,
Seiner Augen Gewalt,

25 Und seiner Rede
Zauberfluss,
Sein Händedruck,
Und ach, sein Kuss!

Meine Ruh ist hin,
30 Mein Herz ist schwer,
Ich finde sie nimmer
Und nimmermehr.

Mein Busen drängt
Sich nach ihm hin.
35 Ach dürft ich fassen
Und halten ihn,

Und küssen ihn,
So wie ich wollt,
An seinen Küssen
40 Vergehen sollt!

[1] kein Originaltitel; das Gedicht stammt aus Goethes Drama „Faust"

Clemens Brentano
Der Spinnerin Lied (1818)

Es sang vor langen Jahren
Wohl auch die Nachtigall,
Das war wohl süßer Schall,
Da wir zusammen waren.

5 Ich sing und kann nicht weinen
Und spinne so allein
Den Faden klar und rein,
So lang der Mond wird scheinen.

Da wir zusammen waren,
10 Da sang die Nachtigall,
Nun mahnet mich ihr Schall,
Daß du von mir gefahren.

So oft der Mond mag scheinen,
Gedenk ich dein allein,
15 Mein Herz ist klar und rein,
Gott wolle uns vereinen.

Seit du von mir gefahren,
Singt stets die Nachtigall,
Ich denk bei ihrem Schall,
20 Wie wir zusammen waren.

Gott wolle uns vereinen,
Hier spinn ich so allein,
Der Mond scheint klar und rein,
Ich sing und möchte weinen!

Arbeitsanregungen

1. Analysieren Sie Reim und Struktur beider Gedichte. Beachten Sie in Brentanos „Lied" insbesondere Reimschema, Kadenzen, Strophenaufbau und Motivfolge: Welche Strophen beziehen sich auf das Du, welche auf das Ich und wie hängt damit der zeitliche Bezug zusammen?
2. Verfassen Sie anschließend einen zusammenhängenden Gedichtvergleich.
3. Besorgen Sie sich Vertonungen der beiden Gedichte und vergleichen Sie.

Eduard Mörike
Das verlassene Mägdlein (1829)

Früh, wann die Hähne krähn,
Eh die Sternlein verschwinden,
Muss ich am Herde stehn,
Muss Feuer zünden.

5 Schön ist der Flammen Schein,
Es springen die Funken;
Ich schaue so drein,
In Leid versunken.

Plötzlich, da kommt es mir,
10 Treuloser Knabe,
Dass ich die Nacht von dir
Geträumet habe.

Träne auf Träne dann
Stürzet hernieder;
15 So kommt der Tag heran –
O ging' er wieder!

Joseph von Eichendorff
Das zerbrochene Ringlein (1813)

In einem kühlen Grunde,
Da geht ein Mühlenrad,
Meine Liebste ist verschwunden,
Die dort gewohnet hat.

5 Sie hat mir Treu versprochen,
Gab mir ein'n Ring dabei,
Sie hat die Treu gebrochen,
Mein Ringlein sprang entzwei.

Ich möcht' als Spielmann reisen
10 Weit in die Welt hinaus,
Und singen meine Weisen
Und gehn von Haus zu Haus.

Ich möcht' als Reiter fliegen
Wohl in die blut'ge Schlacht,
15 Um stille Feuer liegen
Im Feld bei dunkler Nacht.

Hör' ich das Mühlrad gehen,
Ich weiß nicht, was ich will,
Ich möcht' am liebsten sterben,
20 Da wär's auf einmal still.

Edvard Munch (1863–1944):
Mädchen am Ofen (1883)

Arbeitsanregungen

1. Untersuchen Sie, was wir aus Inhalt und Sprache der beiden Gedichte jeweils über das lyrische Ich erfahren. Welches lyrische Ich wirkt individueller?
2. Wo sehen Sie Unterschiede, wo Gemeinsamkeiten in Form und Inhalt? Schließen Sie auch den Titel der Gedichte in Ihre Betrachtungen ein.
3. Finden sich epochentypische Motive in den beiden Gedichten (Eichendorff: Romantik, Mörike: Frührealismus/Biedermeier)?

INFOBLOCK

DIE ROMANTIK

Die Romantik war nicht „romantisch" – jedenfalls nicht in dem Sinne, wie wir das Wort „romantisch" heute oft verstehen, indem wir damit Lagerfeuer, Candle-Light-Dinner oder den röhrenden Hirsch in einer grandiosen Berglandschaft verbinden.

Röhrender Hirsch, Farbdruck um 1904

In Wirklichkeit war die Romantik überaus vielschichtig. Auf der einen Seite war sie eine tieftraurige Epoche ohne echtes Ziel, ohne Mittelpunkt, ohne Perspektive – eine Epoche des unentwegten Suchens ohne Hoffnung auf ein Finden. Die noch in der Weimarer Klassik angestrebte Einheit des Menschen mit sich selbst und der Natur wurde als illusorisch angesehen, und aus diesem Verlust eines Mittelpunkts heraus ergeben sich wesentliche Motive der Epoche: Traum und Wirklichkeit, Märchen und Gesellschaftskritik, Vergangenheit und Gegenwart, Endliches und Unendliches sollen sich verbinden. Man interessierte sich für das Metaphysische, Religiöse, bisweilen gar das Mysteriöse und für die dunklen Seiten des menschlichen Innern. Auf der anderen Seite gab es aber auch eine hellsichtige, ironische, emanzipierte Seite der Romantik. Letztere wird zum Beispiel schon darin deutlich, dass zum ersten Mal zahlreiche weibliche Autorinnen auf den Plan traten und eigene Werke veröffentlichten – mitunter allerdings noch unter einem Pseudonym.

Die Ruhelosigkeit der Romantik lässt es nur folgerichtig scheinen, dass das Wandern eines ihrer wichtigsten Motive ist. Man war unterwegs in der schönen Natur und erfreute sich an allem, was man sah, man war aber auch unterwegs in den Tiefen des menschlichen Inneren und seinen schwarzen Seiten.

So wird auch das Thema „Liebe" sehr ambivalent dargestellt: Einmal als gescheiterte Liebe, als ruheloses, einsames Wandern mit der Sehnsucht nach Verlorenem oder nie zu Erreichendem im Herzen, das andere Mal als Zweierpartnerschaft mit bürgerlichem Anstrich, in der das – oft spießige – Zusammenleben ironisiert dargestellt und belächelt wird, wobei von Liebe in diesem Fall überhaupt nicht die Rede ist.

Caspar David Friedrich (1774–1840): Mann und Frau den Mond betrachtend (um 1824)

Arbeitsanregungen

1. Informieren Sie sich über Musik und Malerei der Romantik. Beschreiben Sie C. D. Friedrichs Bild vor dem Hintergrund Ihrer Kenntnisse.
2. Welche Grundstimmung vermittelt es? Suchen Sie zwei passende Adjektive.
3. Vergleichen Sie das Bild mit dem des „röhrenden Hirsches". Welchen Bilderrahmen würden Sie für die beiden Gemälde wählen?

Wilhelm Müller
Frühlingstraum (1823)

Ich träumte von bunten Blumen,
So wie sie wohl blühen im Mai,
Ich träumte von grünen Wiesen,
Von lustigem Vogelgeschrei.

5 Und als die Hähne krähten,
Da ward mein Auge wach;
Da war es kalt und finster,
Es schrieen die Raben vom Dach.

Doch an den Fensterscheiben
10 Wer malte die Blätter da?
Ihr lacht wohl über den Träumer,
Der Blumen im Winter sah?

Ich träumte von Lieb' um Liebe,
Von einer schönen Maid,
15 Von Herzen und von Küssen,
Von Wonn' und Seligkeit.

Und als die Hähne krähten,
Da ward mein Herze wach;
Nun sitz' ich hier alleine
20 Und denke dem Traume nach.

Die Augen schließ' ich wieder,
Noch schlägt das Herz so warm.
Wann grünt ihr Blätter am Fenster?
Wann halt' ich dich, Liebchen, im Arm?

Joseph von Eichendorff
Neue Liebe (1837)

Herz, mein Herz, warum so fröhlich,
So voll Unruh und zerstreut,
Als käm über Berge selig
Schon die schöne Frühlingszeit?

5 Weil ein liebes Mädchen wieder
Herzlich an dein Herz sich drückt,
Schaust du fröhlich auf und nieder,
Erd und Himmel dich erquickt.

Und ich hab die Fenster offen,
10 Neu zieh in die Welt hinein
Altes Bangen, altes Hoffen!
Frühling, Frühling soll es sein!

Still kann ich hier nicht mehr bleiben,
Durch die Brust ein Singen irrt,
15 Doch zu licht ist's mir zum Schreiben,
Und ich bin so froh verwirrt.

Also schlendr ich durch die Gassen,
Menschen gehen her und hin,
Weiß nicht, was ich tu und lasse,
20 Nur, dass ich so glücklich bin.

Arbeitsanregungen
1. Untersuchen Sie, welche Motive in den Gedichten vorkommen und inwieweit diese sinnstiftend sind.
2. Vergleichen Sie den Grundton der Gedichte und ihre Perspektive.
3. Setzen Sie die Texte in Beziehung zur Epoche der Romantik.
4. Vergleichen Sie das Motiv des Traumes in Müllers Gedicht mit dem in anderen Liebesgedichten (beispielsweise von Heinrich Heine, S. 33 f. und 39).

B 2 Liebeslyrik im 18. und 19. Jahrhundert

Wilhelm Müller
Der Lindenbaum (1823)

Am Brunnen vor dem Tore
Da steht ein Lindenbaum:
Ich träumt' in seinem Schatten
So manchen süßen Traum.

5 Ich schnitt in seine Rinde
So manches liebe Wort;
Es zog in Freud und Leide
Zu ihm mich immer fort.

Ich musst' auch heute wandern
10 Vorbei in tiefer Nacht,
Da hab ich noch im Dunkel
Die Augen zugemacht.

Und seine Zweige rauschten,
Als riefen sie mir zu:
15 Komm her zu mir, Geselle,
Hier findest du deine Ruh!

Die kalten Winde bliesen
Mir grad ins Angesicht,
Der Hut flog mir vom Kopfe
20 Ich wendete mich nicht.

Nun bin ich manche Stunde
Entfernt von jenem Ort,
Und immer hör ich's rauschen:
Du fändest Ruhe dort!

Heinrich Heine
aus: Lyrisches Intermezzo
(1822/23)

Der Herbstwind rüttelt die Bäume,
Die Nacht ist feucht und kalt;
Gehüllt im grauen Mantel,
Reite ich einsam im Wald.

5 Und wie ich reite, so reiten
Mir die Gedanken voraus;
Sie tragen mich leicht und luftig
Nach meiner Liebsten Haus.

Die Hunde bellen, die Diener
10 Erscheinen mit Kerzengeflirr;
Die Wendeltreppe stürm ich
Hinauf mit Sporengeklirr.

Im leuchtenden Teppichgemache,
Da ist es so duftig und warm,
15 Da harret meiner die Holde –
Ich fliege in ihren Arm.

Es säuselt der Wind in den Blättern,
Es spricht der Eichenbaum:
Was willst du, törichter Reiter,
20 Mit deinem törichten Traum?

Arbeitsanregungen

1. Vergleichen Sie die Vertonungen von Müllers Gedicht durch Silcher und Schubert (in dessen Zyklus „Winterreise").
2. Vergleichen Sie die beiden Texte im Hinblick auf die Darstellung des lyrischen Ichs und dessen Verfassung. Wie wird das Verhältnis von Wirklichkeit und Traum jeweils ausgestaltet?
3. Vergleichen Sie beide Texte mit Goethes Gedicht „Willkomm und Abschied" (S. 25).

Joseph von Eichendorff
Intermezzo (e. 1810, v. 1837)

Dein Bildnis wunderselig
Hab ich im Herzensgrund,
Das sieht so frisch und fröhlich
Mich an zu jeder Stund'.

5 Mein Herz still in sich singet
Ein altes, schönes Lied,
Das in die Luft sich schwinget
Und zu dir eilig zieht.

Karoline von Günderode
Die eine Klage (ca. 1804)

Wer die tiefste aller Wunden
Hat in Geist und Sinn empfunden
Bittrer Trennung Schmerz;
Wer geliebt was er verloren,
5 Lassen muss was er erkoren,
Das geliebte Herz,

Der versteht in Lust die Tränen
Und der Liebe ewig Sehnen
Eins in Zwei zu sein,
10 Eins im Andern sich zu finden,
Dass der Zweiheit Grenzen schwinden
Und des Daseins Pein.

Wer so ganz in Herz und Sinnen
Konnt' ein Wesen liebgewinnen
15 O! den tröstet's nicht
Dass für Freuden, die verloren,
Neue werden neu geboren:
Jene sind's doch nicht.

Das geliebte, süße Leben,
20 Dieses Nehmen und dies Geben,
Wort und Sinn und Blick,
Dieses Suchen und dies Finden,
Dieses Denken und Empfinden
Gibt kein Gott zurück.

Heinrich Heine
aus: Lyrisches Intermezzo (1822/23)

Auf Flügeln des Gesanges
Herzliebchen, trag ich dich fort,
Fort nach den Fluren des Ganges,
Dort weiß ich den schönsten Ort.

5 Dort liegt ein rotblühender Garten
Im stillen Mondenschein;
Die Lotosblumen erwarten
Ihr trautes Schwesterlein.

Die Veilchen kichern und kosen,
10 Und schaun nach den Sternen empor;
Heimlich erzählen die Rosen
Sich duftende Märchen ins Ohr.

Es hüpfen herbei und lauschen
Die frommen, klugen Gazelln;
15 Und in der Ferne rauschen
Des heiligen Stromes Welln.

Dort wollen wir niedersinken
Unter dem Palmenbaum,
Und Liebe und Ruhe trinken,
20 Und träumen seligen Traum.

Arbeitsanregungen

1. Heine wird bisweilen als „romantischer Dichter" bezeichnet. Suchen Sie, einen Textvergleich mit dem Romantiker Joseph von Eichendorff heranziehend, Gründe, die für oder gegen diese Zuordnung sprechen.
2. Sind in Heines Gedicht Signale für Ironie erkennbar?
3. Schreiben Sie das Gedicht Günderodes um in einen Brief des lyrischen Ichs an eine Person seines Vertrauens. Übernehmen Sie dabei aber keine der Formulierungen.

2.3 „Nur die Liebe kann gewähren" – Liebeslyrik im Frührealismus

August Heinrich Hoffmann von Fallersleben
Nach dem Abschiede (1838)

Dunkel sind nun alle Gassen,
Und die Stadt ist öd und leer;
Denn mein Lieb hat mich verlassen,
Meine Sonne scheint nicht mehr.

5 Büsch und Wälder, Flüss und Hügel
Liegen zwischen ihr und mir –
Liebe, Liebe, gib mir Flügel,
Dass ich fliegen kann zu ihr!

Liebe, lass ihr Bild erscheinen!
10 O so blick ich sie doch an,
Dass, wenn meine Augen weinen,
Sich mein Herz erfreuen kann.

Arbeitsanregungen

1. Analysieren Sie das Gedicht, indem Sie die Übersicht am Anfang dieses Hefts zu Grunde legen.
2. Ließe sich der Text als Lied singen? – Vielleicht fällt Ihnen eine passende Melodie ein?
3. Suchen Sie einen geeigneten Vergleichstext. Welche Vergleichskriterien wenden Sie an?

INFOBLOCK

STRÖMUNGEN VOR DEM REALISMUS

„Literarischer Vormärz", „Junges Deutschland", „Biedermeier" – diese drei häufig verwendeten Bezeichnungen für literarische Strömungen zwischen 1815, also etwa dem Wiener Kongress, und 1848, dem Revolutionsjahr, haben sich als zu schablonenhaft und künstlich erwiesen, um als aussagekräftige Unterscheidungsmerkmale der Literatur jener Zeit hilfreich zu sein. Die drei Strömungen laufen zeitlich zwar weitgehend parallel, folgen aber gegensätzlichen Tendenzen, die sich teilweise quer durch die Strömungen selbst und mitunter sogar quer durch das Werk einzelner Dichter ziehen. Die literarischen Strömungen entwickeln sich gegensätzlich: Einerseits sieht man sich reformwillig, vorwärtsgerichtet, an die Veränderbarkeit der politischen Zustände glaubend. Trotz aller bisweilen auftretenden politischen Schärfe sind solche Texte von Optimismus und Aufbruchstimmung geprägt. Auf der anderen Seite zeigt sich nahezu gleichzeitig eine Dichtung der Melancholie, des resignativen Weltschmerzes. Sie ist Ausdruck tiefgreifender Orientierungslosigkeit, innerer Zerrissenheit und Niedergeschlagenheit – wohl auch im Hinblick auf die als unabänderlich empfundenen, reaktionären politischen Entwicklungen nach dem Wiener Kongress. Eine dritte Strömung ist geprägt vom Rückzug in die traute Umgebung kleinbürgerlicher Häuslichkeit und familiärer Eintracht als Folge der politischen Einflusslosigkeit des Bürgers.

Diese teils widersprüchlichen Strömungen werden mittlerweile immer häufiger unter dem Begriff „Frührealismus" zusammengefasst. Diese Bezeichnung ist zwar ebenfalls ein Konstrukt, hat aber den Vorzug, nicht dort Trennschärfe zu suggerieren, wo es keine gibt. Sie trägt überdies dem Umstand Rechnung, dass die Literatur jener Zeit sich realistischen Schreibweisen verpflichtet fühlt und sich damit sowohl von der Weimarer Klassik als auch – bei aller zeitweiligen Nähe – von der Romantik abgrenzt.

Eduard Mörike
An die Geliebte

Wenn ich, von deinem Anschaun tief gestillt,
Mich stumm an deinem heilgen Wert vergnüge,
Dann hör ich recht die leisen Atemzüge
Des Engels, welcher sich in dir verhüllt.

5 Und ein erstaunt, ein fragend Lächeln quillt
Auf meinem Mund, ob mich kein Traum betrüge,
Dass nun in dir, zu ewiger Genüge,
Mein kühnster Wunsch, mein einzger, sich erfüllt?

Von Tiefe dann zu Tiefen stürzt mein Sinn,
10 Ich höre aus der Gottheit nächtger Ferne
Die Quellen des Geschicks melodisch rauschen.

Betäubt kehr ich den Blick nach oben hin,
Zum Himmel auf – da lächeln alle Sterne;
Ich kniee, ihrem Lichtgesang zu lauschen.

Gustav Klimt (1862–1918):
Der Kuss (1907/08)

Arbeitsanregungen

1. Erörtern Sie, inwiefern das Gemälde zu dem Gedicht passt. Begründen Sie Ihre Ansicht und beziehen Sie sich dabei auf den Text, indem Sie die Haltung des lyrischen Ichs und die Perspektive des Gedichts bedenken.
2. Erläutern Sie den Formwillen des Gedichts.

INFOBLOCK

EDUARD MÖRIKE (1804–1875)

Mörike stammte aus einer württembergischen Honoratiorenfamilie und war fest mit seiner kleinen schwäbischen Welt verwurzelt, was ihn in seiner Ruhelosigkeit jedoch nicht daran hinderte, innerhalb dieser häufig umzuziehen. Mörike war einige Jahre Vikar, dann Pfarrer, dies jedoch nur neun Jahre. Sein Privatleben war – auch wegen einer hypochondrischen Labilität – überaus unstet; er war ein Eigenbrötler, der, verstört durch die Begegnung mit einer geheimnisumwitterten schönen Frau, die ersten Verse schrieb („Peregrina"-Lieder), sich dann mit einer Pfarrerstochter verlobte, diese Beziehung aber wieder löste, viele Jahre später als 47-Jähriger heiratete, eine überaus problematische Ehe führte und der im Alter zunehmend biedermeierlich zu werden begann. Er sah Kunst als „Versuch, das zu ersetzen, was uns die Wirklichkeit versagte".

Mörike ist literarisch schwer einzuordnen: Trotz einiger Affinitäten zur Weimarer Klassik wie auch zur Romantik wird er vor allem auf Grund seiner späteren Dichtungen dem Frührealismus zugeordnet.

Eduard Mörike,
zeitgenössisches Porträt

Eduard Mörike

Quartette 1
Der Himmel glänzt vom reinsten Frühlingslichte,
Ihm schwillt der Hügel sehnsuchtsvoll entgegen,
Die starre Welt zerfließt in Liebessegen,
Und schmiegt sich rund zum zärtlichsten Gedichte.

5   Am Dorfeshang, dort bei der luftgen Fichte,
Ist meiner Liebsten kleines Haus gelegen –
O Herz, was hilft dein Wiegen und dein Wägen,
Dass all der Wonnestreit in dir sich schlichte!

Eduard Mörike

Quartette 2
Wenn Dichter oft in warmen Phantasien,
Von Liebesglück und schmerzlichem Vergnügen,
Sich oder uns, nach ihrer Art, belügen,
So sei dies Spielwerk ihnen gern verziehen.

5   Mir aber hat ein güt'ger Gott verliehen,
Den Himmel, den sie träumen, zu durchfliegen,
Ich sah die Anmut mir im Arm sich schmiegen,
Der Unschuld Blick von raschem Feuer glühen.

Terzette A
Auch ich trug einst der Liebe Müh und Lasten,
Verschmähte nicht den herben Kelch zu trinken,
Damit ich seine Lust nun ganz empfinde.

Und dennoch gleich ich jenen Erzphantasten:
5   Mir will mein Glück so unermesslich dünken,
Dass ich mir oft im wachen Traum verschwinde.

Terzette B
Du, Liebe, hilf den süßen Zauber lösen,
Womit Natur in meinem Innern wühlet!
Und du, o Frühling, hilf die Liebe beugen!

Lisch aus, o Tag! Lass mich in Nacht genesen!
5   Indes ihr sanften Sterne göttlich kühlet,
Will ich zum Abgrund der Betrachtung steigen.

Arbeitsanregungen

1. Bei beiden Gedichten handelt es sich um Sonette. Ordnen Sie den beiden Quartettpaare 1 und 2 jeweils die richtigen Terzette A oder B zu. Begründen Sie Ihre Wahl durch eine inhaltliche Analyse.
2. Zeigen Sie durch eine Verbindung von Inhalt und Aufbau, warum Mörike die Form des Sonetts wählte.
3. Eines der Gedichte ist mit „Liebesglück" überschrieben, das andere mit „Zu viel". Ordnen Sie die Überschriften zu.

August Heinrich Hoffmann von Fallersleben

Ohne Titel (aus dem Zyklus „Liebe und Frühling", 1833)

Ich muss hinaus, ich muss zu dir,
Ich muss es selbst dir sagen:
Du bist mein Frühling, du nur mir
In diesen lichten Tagen.

5 Ich will die Rosen nicht mehr sehn,
Nicht mehr die grünen Matten;
Ich will nicht mehr zu Walde gehn
Nach Duft und Klang und Schatten.

Ich will nicht mehr der Lüfte Zug,
10 Nicht mehr der Wellen Rauschen,
Ich will nicht mehr der Vögel Flug
Und ihrem Liede lauschen –

Ich will hinaus, ich will zu dir,
Ich will es selbst dir sagen:
15 Du bist mein Frühling, du nur mir
In diesen lichten Tagen!

Nikolaus Lenau

Frage nicht (1840)

Wie sehr ich dein, soll ich dir sagen?
Ich weiß es nicht, und will nicht fragen;
Mein Herz behalte seine Kunde,
Wie tief es dein im Grunde.

5 O still! ich möchte sonst erschrecken,
Könnt' ich die Stelle nicht entdecken,
Die unzerstört für Gott verbliebe
Beim Tode deiner Liebe.

Auguste Renoir (1841–1919): Das Liebespaar (um 1875)

Arbeitsanregungen

1. Erarbeiten Sie am Text Hoffmann von Fallerslebens das Verhältnis von Natur und geliebter Person und vergleichen Sie dieses mit einem Liebesgedicht des Sturm und Drang (z. B. Goethe, „Willkomm und Abschied", S. 25). Wo sehen Sie Ähnlichkeiten, wo Unterschiede?
2. Wer wird in den beiden Gedichten jeweils angesprochen: die Frau oder der Mann?
3. Welchen Stellenwert gibt das lyrische Ich jeweils der Liebe?
4. Nehmen Sie an, beide Gedichte sollten, mit einem ausführlichen gemeinsamen Einführungstext versehen, in einer Anthologie abgedruckt werden. Verfassen Sie die Einführung.
5. Zu welchem der Gedichte passt Renoirs Bild besser als Illustration?

Eduard Mörike
Ein Stündlein wohl vor Tag
(vor 1837)

Derweil ich schlafend lag,
Ein Stündlein wohl vor Tag,
Sang vor dem Fenster auf dem Baum
Ein Schwälblein mir, ich hört es kaum,
5 Ein Stündlein wohl vor Tag:

„Hör an, was ich dir sag,
Dein Schätzlein ich verklag:
Derweil ich dieses singen tu,
Herzt er ein Lieb in guter Ruh,
10 Ein Stündlein wohl vor Tag."

O weh! nicht weiter sag!
O still! nichts hören mag!
Flieg ab, flieg ab von meinem Baum!
– Ach, Lieb und Treu ist wie ein Traum
15 Ein Stündlein wohl vor Tag.

Heinrich Heine
aus: Die Heimkehr (1823/24)

Wenn ich auf dem Lager liege,
In Nacht und Kissen gehüllt,
So schwebt mir vor ein süßes,
Anmutig liebes Bild.

5 Wenn mir der stille Schlummer
Geschlossen die Augen kaum,
So schleicht das Bild sich leise
Hinein in meinen Traum.

Doch mit dem Traum des Morgens
10 Zerrinnt es nimmermehr;
Dann trag ich es im Herzen
Den ganzen Tag umher.

Arbeitsanregungen

1. Vergleichen Sie den Grundton der Gedichte: Wie wird die Beziehung der beiden Menschen gesehen?
2. Welche Bedeutung hat in diesem Zusammenhang die gewählte Perspektive?
3. Wie würden die Diminutive (...lein) in Mörikes Gedicht in dem von Heinrich Heine wirken?
4. Streitfrage: Meint Heine selbst, was er das lyrische Ich sagen lässt? – Oder spricht er ironisch? Zeigen Sie gegebenenfalls am Text die Ironiesignale.
5. Heines Gedicht hat keinen Titel. Finden Sie einen passenden?
6. Sind die Texte „romantisch" zu nennen? – Lesen Sie dazu ggf. den Infoblock ▷ Heinrich Heine, S. 40.

INFOBLOCK

HEINRICH HEINE (1797-1856)

Heinrich Heine als Romantiker? – Die Frage wurde in der Fachliteratur oft gestellt und nie abschließend beantwortet. Die Gründe dafür sind klar: Erstens ist gerade die Epoche der Romantik alles andere als klar umrissen, sondern überaus facettenreich und unübersichtlich. Zum Zweiten ist die Einstellung Heines zu den Vertretern der Epoche durchaus ambivalent:

Einerseits zeigen sich bei ihm als zeittypisches Element des Öfteren melancholische Züge, die sich wiederum mitunter auch bei den Romantikern finden, so zum Beispiel bei Ludwig Tieck. Sein dichterisches Handwerkszeug lernte er bei August Wilhelm Schlegel – einem der bedeutendsten Vertreter der Romantik – an der Universität Göttingen. Und nachdem er wegen eines Duellvergehens von der Universität gewiesen wurde, ging er nach Berlin, wo er im Salon von Rahel Varnhagen verkehrte, die wiederum den Kreis der Berliner Romantik um sich geschart hatte.

Auch in seinen Liebesgedichten zeigt sich häufig eine gewisse Nähe zur Romantik, so beispielsweise in deren Liedform, in stimmungsvollen Naturbeschreibungen, in einzelnen sprachlichen Versatzstücken. Diese romantischen Anklänge werden aber nicht selten auf ein paar Strophen begrenzt und anschließend ironisch überzeichnet oder gebrochen (z. B.: „Wieder in verschlungnen Gängen / Hab ich träumend mich verloren / Und die Vögel in den Büschen / Spotten des verliebten Toren").

Diese Überwindung der Romantik wird schon in einem seiner wichtigsten Werke, dem „Buch der Lieder" (1827), deutlich. Der ironische Grundton von Heines Dichtung, auch seiner Liebesgedichte, ist unterschiedlich stark ausgeprägt, sodass es nicht immer einfach ist, zwischen echtem und falschem Gefühl in den Texten zu unterscheiden.

Auch in seinen „Reisebildern" verband er romantisch anmutende Naturschilderungen mit ironischen, bisweilen ätzenden Beschreibungen spießbürgerlicher Naturschwärmerei. Seine Reisen führten ihn schließlich im Jahr 1831 nach Paris, wo er als Korrespondent der Augsburger Allgemeinen Zeitung und im Auftrag verschiedener französischer Journale tätig war. Hier entstand auch das Werk „Die Romantische Schule", in dem sich Heine mit der Dichtung dieser Strömung auseinandersetzte und seine Position definierte. Er kritisierte an der Romantik scharf, dass sie sich zu weit von der Wirklichkeit entfernt und das Innere des Menschen zu ihrer eigentlichen Wirklichkeit erklärt habe. Seine Dichtung fußte auf der Realität und ist sicher auch politisch zu nennen. Zum Beispiel begrüßte er die Revolution von 1848 sehr und fürchtete sie auch zugleich, weil ihm der sozialistische Gedanke zu kunstfeindlich vorkam.

Die letzten acht Jahre seines Lebens siechte er, an einer unheilbaren Rückenmarkserkrankung leidend, unter fürchterlichen Schmerzen dahin, doch selbst dann noch sind viele seiner Gedichte gekennzeichnet von Selbstironie und Sarkasmus. In den letzten Lebensmonaten kümmerte sich neben seiner Frau Mathilde ein junges Mädchen um den mittlerweile fast Erblindeten. Sie verehrte den Dichter Heine und wollte ihn ursprünglich nur einmal besuchen, kam dann aber ein halbes Jahr lang, bis zu seinem Tod, fast täglich. Ihren Namen (Elise von Krinitz) kannte Heine nicht. Nach der Fliege in ihrem Petschaft nannte er sie seine „Mouche". Er widmete ihr einige ergreifende Gedichte.

Moritz Daniel Oppenheim (1800–1882):
Heinrich Heine (Öl auf Papier, 1831)

Heinrich Heine
aus: Lyrisches Intermezzo (1822/23)

Ein Jüngling liebt ein Mädchen,
Die hat einen andern erwählt;
Der andre liebt eine andre,
Und hat sich mit dieser vermählt.

5 Das Mädchen heiratet aus Ärger
Den ersten besten Mann,
Der ihr in den Weg gelaufen;
Der Jüngling ist übel dran.

Es ist eine alte Geschichte,
10 Doch bleibt sie immer neu;
Und wem sie just passieret,
Dem bricht das Herz entzwei.

Heinrich Heine
aus: Neue Gedichte (1844)

Wieder ist das Herz bezwungen,
Und der öde Groll verrauchet,
Wieder zärtliche Gefühle
Hat der Mai mir eingehauchet.

5 Spät und früh durcheil ich wieder
Die besuchtesten Alleen,
Unter jedem Strohhut such ich
Meine Schöne zu erspähen.

Wieder an dem grünen Flusse,
10 Wieder steh ich an der Brücke –
Ach, vielleicht fährt sie vorüber,
Und mich treffen ihre Blicke.

Im Geräusch des Wasserfalles
Hör ich wieder leises Klagen,
15 Und mein schönes Herz versteht es,
Was die weißen Wellen sagen.

Wieder in verschlungnen Gängen
Hab ich träumend mich verloren,
Und die Vögel in den Büschen
20 Spotten des verliebten Toren.

Arbeitsanregungen

1. Zeigen Sie an beiden Texten die bei Heine häufigen ironischen Brüche.
2. Verfassen Sie zu einem der beiden Gedichte wahlweise die Inhaltsangabe zu einer Episode einer Seifenoper oder den Klappentext eines Groschenromans.
3. Binden Sie beide Gedichte inhaltlich zusammen und verfassen Sie eine Filmhandlung mit dem jungen Mann als der Hauptfigur.

Heinrich Heine
Ohne Titel (1855)

Ich seh im Stundenglase schon
Den kargen Sand zerrinnen.
Mein Weib, du engelsüße Person!
Mich reißt der Tod von hinnen.

5 Er reißt mich aus deinem Arm, mein Weib,
Da hilft kein Widerstehen,
Er reißt die Seele aus dem Leib –
Sie will vor Angst vergehen.

Er jagt sie aus dem alten Haus,
10 Wo sie so gerne bliebe.
Sie zittert und flattert – Wo soll ich hinaus?
Ihr ist wie dem Floh im Siebe.

Das kann ich nicht ändern, wie sehr ich
    mich sträub,
Wie sehr ich mich winde und wende;
15 Der Mann und das Weib, die Seel und
    der Leib,
Sie müssen sich trennen am Ende.

Heinrich Heine
Für die Mouche (1856)

Dich fesselt mein Gedankenbann,
Und was ich dachte, was ich sann,
Das musst du denken, musst du sinnen, –
Du kannst nicht meinem Geist entrinnen.

5 Stets weht dich an sein wilder Hauch,
Und wo du bist, da ist er auch;
Du bist sogar im Bett nicht sicher
Vor seinem Kusse und Gekicher!

Mein Leib liegt tot im Grab, jedoch
10 Mein Geist, der ist lebendig noch,
Er wohnt gleich einem Hauskobolde
In deinem Herzchen, meine Holde!

Vergönn das traute Nestchen ihm,
Du wirst nicht los das Ungetüm,
15 Und flöhest du bis China, Japan –
Du wirst nicht los den armen Schnapphahn!

Denn überall, wohin du reist,
Sitzt ja im Herzen dir mein Geist,
Und denken musst du, was ich sann –
20 Dich fesselt mein Gedankenbann.

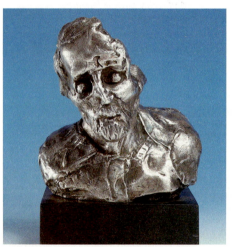

Bert Gerresheim (geb. 1935):
Heinrich Heine oder ein Lazarusgesicht
(Bronze versilbert, 1978)

Arbeitsanregungen

1. Würden Sie die beiden Gedichte als Liebesgedichte bezeichnen?
2. Vergleichen Sie den Stil der beiden Gedichte: Welches ist Ihrer Ansicht nach bitterer?
3. Welchen Stellenwert hat jeweils das Ich, welchen das Du?
4. Vergleichen Sie die Texte mit den beiden Gedichten auf Seite 41.
5. Die Büste Bert Gerresheims trägt den Titel „Heinrich Heine oder ein Lazarusgesicht". Erläutern und bewerten Sie das Kunstwerk.

2.4 „Solang du lebest, ist es Tag" – Liebeslyrik im Realismus

Theodor Storm
Trost (1853)

So komme, was da kommen mag!
Solang du lebest, ist es Tag.

Und geht es in die Welt hinaus,
Wo du mir bist, bin ich zu Haus.

5 Ich seh dein liebes Angesicht,
Ich sehe die Schatten der Zukunft nicht.

Friedrich Hebbel
Ich und Du

Wir träumten von einander
Und sind davon erwacht,
Wir leben, um uns zu lieben,
Und sinken zurück in die Nacht.

5 Du tratst aus meinem Traume,
Aus deinem trat ich hervor,
Wir sterben, wenn sich Eines
Im Andern ganz verlor.

Auf einer Lilie zittern
10 Zwei Tropfen, rein und rund,
Zerfließen in Eins und rollen
Hinab in des Kelches Grund.

Theodor Fontane
Und ging auch alles um und um (um 1868)

Und ging auch alles um und um,
In dir, in mir, ich lieb dich *drum*,
Ich lieb dich *drum*, weil du mir bliebst
Ich lieb dich *drum*, weil du vergibst,
5 Ich lieb dich, – ach warum „Warum",
Und blieb auch meine Lippe stumm,
Ich lieb dich *drum*, weil du mich liebst.

Arbeitsanregungen
1. Analysieren Sie jedes der drei Gedichte sprachlich und inhaltlich und erarbeiten Sie Gemeinsamkeiten und Unterschiede.
2. Wie würden Sie die Stimmung der drei Texte charakterisieren?
3. Fontane schrieb, er habe mit seinem Gedicht „mit dem bloßen Klang operieren" wollen. Überprüfen Sie diese Aussage am Text.
4. Für eine Anthologie dürfen Sie zwei der Texte für einen Vergleich auswählen: Für welche beiden entscheiden Sie sich? – Begründen Sie Ihre Meinung und führen Sie den Textvergleich durch.
5. Wählen Sie ein Bild für diesen Textvergleich aus oder entwerfen Sie eine eigene Illustration.

Conrad Ferdinand Meyer
Zwei Segel (1882)

Zwei Segel erhellend
Die tiefblaue Bucht!
Zwei Segel sich schwellend
Zu ruhiger Flucht!

5 Wie eins in den Winden
Sich wölbt und bewegt,
Wird auch das Empfinden
Des andern erregt.

Begehrt eins zu hasten,
10 Das andre geht schnell,
Verlangt eins zu rasten,
Ruht auch sein Gesell.

Arbeitsanregung

Welches der Bilder passt Ihrer Ansicht nach besser als Illustration für das Gedicht? – Erläutern Sie den Unterschied und begründen Sie. Analysieren Sie dann die Bildhaftigkeit von Meyers Gedicht.

Theodor Storm
Dämmerstunde (1843)

Im Nebenzimmer saßen ich und du;
Die Abendsonne fiel durch die Gardinen,
Die fleißigen Hände fügten sich der Ruh,
Vom roten Licht war deine Stirn beschienen.

5 Wir schwiegen beid'; ich wusste mir kein Wort,
Das in der Stunde Zauber mochte taugen;
Nur nebenan die Alten schwatzten fort –
Du sahst mich an mit deinen Märchenaugen.

Arbeitsanregungen

1. Schreiben Sie das Gedicht um in eine kurze Filmszene. Achten Sie dabei auf die Bewegungen und die Einstellungen der Kamera, auf die Farbgebung, auf die mögliche Hintergrundmusik oder sonstige Geräusche …
2. Vergleichen Sie dann Ihre Ergebnisse und überprüfen Sie diese am Text.

INFOBLOCK

REALISMUS

Als literarische Epochensignatur wird „Realismus" oder, genauer, „poetischer Realismus" verstanden als die Zeit nach der Revolution von 1848, deren Ausgang die Literatur ganz wesentlich beeinflusste. Dabei ist jedoch zu bedenken, dass diese Revolution zwar einen Einschnitt darstellte, aber nicht in der Form, dass nun der Frührealismus zu einem jähen Ende gekommen wäre. Richtig ist vielmehr, dass die Autoren der Zeit vor der Revolution deren schlussendliches Scheitern noch einige Jahre lang reflektierten. Überdies sind die Übergänge zwischen Frührealismus und Realismus durchaus fließend.

Wenn man etwa von „realistischer Schreibweise" spricht, so bezeichnet dies natürlich zunächst einmal ein epochenübergreifendes Stilmerkmal. Für die Epoche des „poetischen" oder auch „bürgerlichen" Realismus kommt ein programmatisches Element hinzu. Die nun entstehende Literatur soll sich an der erfahrbaren Wirklichkeit orientieren, diese allerdings nicht eins-zu-eins wiedergeben, sondern in gleichsam weichgezeichneter Form. Fontane fasst dies folgendermaßen zusammen:

„Vor allen Dingen verstehen wir nicht darunter [unter „Realismus", Anm. d. Verf.] das nackte Wiedergeben alltäglichen Lebens, am wenigsten seines Elends und seiner Schattenseiten. [...] Wohl ist das Motto des Realismus der Goethe'sche Zuruf: ‚Greif nur hinein ins bunte Menschenleben, / Wo du es anpackst, ist es interessant', aber freilich, die Hand, die diesen Griff tut, muss eine künstlerische sein. Das Leben ist doch immer nur der Marmorsteinbruch, der den Stoff zu unendlichen Bildwerken in sich trägt; sie schlummern darin, aber nur dem Auge des Geweihten sichtbar und nur durch seine Hand zu erwecken."

Und Bertolt Brecht umschreibt eine „realistische" Darstellungsweise mit einem unnachahmlichen Aphorismus: „Realismus ist nicht, wie die wirklichen Dinge sind, sondern wie die Dinge wirklich sind."

Familien um 1890

Arbeitsanregung

Was erfahren wir aus diesen alten Fotografien über die Familiensituation im späten 19. Jahrhundert? – Vergleichen Sie die alten Fotografien mit unserem heutigen Bild von einer Familie (s. auch S. 81).

Friedrich Hebbel
An eine edle Liebende

Wer wird angesprochen?   **Du** meinst in deiner Seele Dämmerweben,   in welcher Hinsicht?
                     Dir sei *das Tiefste* so gelöst in Liebe,   unbewusst?
                     Dass dir *nichts Eig'nes* zu bewahren bliebe,
                 Drum willst du ganz und gar dich *ihm* ergeben.   Wer ist gemeint?
Sprecher? Sprechakt: 5   **O, tu es nicht!** Es gibt ein **Widerstreben**,
Warnung   So rein von jedem selbstisch-rohen Triebe,
                      Dass sich *das Höchste* still zu Nichts zerriebe,
                 Erschlösse *dies* ihm nicht ein ew'ges Leben.
                 Und könntest du, *im Edelsten* erglommen,
          10   Auch *deines Wesens Form* vor ihm vernichten –
                      Die *Elemente* bleiben, die sie waren!
                 So wird dein Opfer niemals ganz vollkommen,
= dafür sorgen, dass...   Du kannst nicht völlig auf *dich selbst* verzichten,   Was ist mit diesen
oder: sich hüten vor?   Drum **sorge** du, dich ganz zu offenbaren!   Begriffen gemeint?

Arbeitsanregungen

1. Analysieren Sie das Gedicht:
   a) Bestimmen Sie seine Form und setzen Sie diese in Verbindung zum Inhalt. Ziehen Sie die Beispieldeutungen heran.
   b) Untersuchen Sie die Sprechhaltung: Wer spricht zu wem mit welcher Absicht?
2. Mit welchem Begriff ließe sich das Wort „offenbaren" in der letzten Zeile am ehesten ersetzen: aufgeben, selbst verwirklichen, darstellen, hingeben, mitteilen, durchsetzen?

Friedrich Hebbel
Ohne Titel (1837)

Kein Lebewohl, kein banges Scheiden!
    Viel lieber ein Geschiedensein!
Ertragen kann ich jedes Leiden,
    Doch trinken kann ich's nicht, wie Wein.

5 Wir saßen gestern noch beisammen,
    Von Trennung wusst ich selbst noch kaum!
Das Herz trieb seine alten Flammen,
    Die Seele spann den alten Traum.

Dann rasch ein Kuss vom lieben Munde,
10   Nicht schmerzgetränkt, nicht angstgekürzt!
Das nenn ich eine Abschiedsstunde,
    Die leere Ewigkeiten würzt.

Edvard Munch (1863–1944)

Arbeitsanregungen

1. Suchen Sie einen passenden Titel für das Gedicht. Welchen Titel würden Sie dem Gemälde von Edvard Munch geben?
2. Formulieren Sie in möglichst knapper Form die Aussageabsicht des Texts.
3. Suchen Sie passende Vergleichstexte zu jedem der beiden Gedichte auf dieser Seite. Wählen Sie dabei vorzugsweise Texte aus anderen Epochen.

3 Von der Moderne zur Gegenwart

3.1 „Rose, o reiner Widerspruch" – Jahrhundertwende

Die allgemeine Weltsicht ist um die Jahrhundertwende um 1900 bestimmt von großer Verunsicherung. Das Vertrauen in überkommene Deutungsmuster ist endgültig erschüttert. Technischer Fortschritt und Verstädterung, Freuds Entdeckung des Unbewussten und Nietzsches Philosophie markieren den Beginn der Moderne.

Arno Holz
Erfüllung (ca. 1898/99)

Dann
losch das Licht,
und
durch die Stille,
5   fiebernd, verlangend, erwartungsbang,
nur noch:
unser zitternder Herzschlag!

Trunken ... stammelnd,
meine
10 Lippen ... süß dein ... Aufschrei!

Seligkeit!
....
Im
Garten, frühauf, pfiff ein Vogel, von tausend Gräsern troff der Tau,
der
15 ganze Himmel ... stand in Rosen.

Lieber! ... Liebe!

Und
wieder:

20 Kuß ... auf ... Kuß!

Und
nichts als ... wir, nichts ... als wir!
....
Was
25 kann die Welt,
an Glück, an Glanz, an
Rausch,
an Wonne, an
Taumel,
30 Erdenlust ... und ... Herrlichkeit,
uns ... jetzt noch ... schenken ... uns jetzt
... noch
bieten ... uns jetzt noch ... bringen?!

August Stramm
Spiel (1914)

Deine Finger perlen
Und
Kollern Stoßen Necken Schmeicheln
Quälen Sinnen Schläfern Beben
5   Wogen um mich
Die Kette reißt!
Dein Körper wächst empor!
Durch Lampenschimmer sinken deine
                              Augen
Und schlürfen mich
10 Und
Schlürfen schlürfen
Dämmern
Brausen!
Die Wände tauchen!
15 Raum!
Nur
Du!

Arbeitsanregungen

1. Produzieren Sie eine kleine Hörszene. Kann man beide Gedichte in eine Szene integrieren?
2. Vergleichen Sie die Wirkung beider Gedichte und untersuchen Sie, durch welche sprachlichen Mittel sie jeweils erzeugt wird.
3. Holz war wegen seines „Sekundenstils" bekannt. Klären Sie den Begriff aus Ihrer Kenntnis des vorliegenden Gedichts.

INFOBLOCK

STRÖMUNGEN UM 1900 – NATURALISMUS, SYMBOLISMUS

Die **Naturalisten** (z.B. Arno Holz, Johannes Schlaf, Gerhart Hauptmann) setzten sich von der etablierten Kunst des Wilhelminismus ab, deren Realismus sie als idealisierend und ästhetisierend kritisierten. Sie verstanden sich als Positivisten und stellten die sozialen Verhältnisse schonungslos dar. Der „konsequente Naturalismus" wollte Wirklichkeit sprachlich rekonstruieren.

Ihre Gegner, die **Symbolisten** (Stefan George, Hugo von Hofmannsthal, Rainer Maria Rilke), die sich an den französischen Vorbildern Rimbaud, Verlaine, Baudelaire, aber vor allem an Schopenhauer und Nietzsche orientierten und Materialismus und Positivismus ablehnten, distanzierten sich bewusst von allem Politischen. Sie reagierten auf Technisierung, Verstädterung und Proletarisierung mit Kulturpessimismus, stellten der objektiven Erfassung der Wirklichkeit die subjektive Innensicht gegenüber. Dieser wurde mittels poetischer Sprache eine höhere Erkenntnis zugetraut, was konsequenterweise einen Rückzug in eine Welt der Dichtung bedeutete, die ihre Gegenstände weniger benannte als sie suggerierte. Die Autoren verstanden sich selbst ausdrücklich als elitär.

Gemeinsam war beiden Strömungen des **Fin de siècle** das Bewusstsein, in einer Umbruchsituation zu leben, den Zusammenbruch einer vergehenden Epoche zu erleben.

Arno Holz
26.4.1863 Rastenburg –
26.10.1929 Berlin

Hugo von Hofmannsthal
1.2.1874 Wien –
15.7.1929 Rodaun (Wien)

Stefan George
12.7.1868 Büdesheim (Bingen) –
4.12.1933 Minusio bei Locarno

Rainer Maria Rilke
4.12.1875 Prag – 29.12.1926 Val-Mont
(Montreux)

Ricarda Huch
18.7.1864 Braunschweig –
17.11.1947 Schönberg
(bei Frankfurt/M.)

Else Lasker-Schüler
11.2.1869 Elberfeld (Wuppertal) –
12.1.1945 Jerusalem

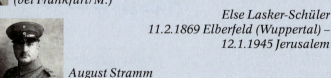
August Stramm
29.7.1874 Münster – 1.9.1915
gefallen bei Horodec (Ukraine)

Arbeitsanregung

Informieren Sie sich über die Autorinnen und Autoren und tragen Sie Ihre Informationen auf Plakaten zusammen.

B 3 Von der Moderne zur Gegenwart

Rainer Maria Rilke
Liebes-Lied (1907)

Wie soll ich meine Seele halten, dass
sie nicht an deine rührt? Wie soll ich sie
hinheben über dich zu andern Dingen?
Ach gerne möcht ich sie bei irgendwas
5 Verlorenem im Dunkel unterbringen
an einer fremden stillen Stelle, die
nicht weiterschwingt, wenn deine Tiefen schwingen.
Doch alles, was uns anrührt, dich und mich,
nimmt uns zusammen wie ein Bogenstrich,
10 der aus zwei Saiten *eine* Stimme zieht.
Auf welches Instrument sind wir gespannt?
Und welcher Geiger hat uns in der Hand?
O süßes Lied.

Hugo von Hofmannsthal
Frage (1890)

Merkst Du denn nicht, wie meine Lippen beben?
Kannst Du nicht lesen diese bleichen Züge,
Nicht fühlen, dass mein Lächeln Qual und Lüge,
Wenn meine Blicke forschend Dich umschweben?

5 Sehnst Du Dich nicht nach einem Hauch von Leben,
Nach einem heißen Arm, Dich fortzutragen
Aus diesem Sumpf von öden, leeren Tagen,
Um den die bleichen, irren Lichter weben?

So las ich falsch in Deinem Aug', dem tiefen?
10 Kein heimlich' Sehnen sah ich heiß dort funkeln?
Es birgt zu Deiner Seele keine Pforte
Dein feuchter Blick? Die Wünsche, die dort schliefen,
Wie stille Rosen in der Fluth, der dunkeln,
Sind, wie Dein Plaudern, seellos ... Worte, Worte?

Hugo von Hofmannsthal
Sturmnacht (1890)

Die Sturmnacht hat uns vermählt
In Brausen und Toben und Bangen:
Was unsre Seelen sich lange verhehlt,
Da ists uns aufgegangen.

5 Ich las so tief in deinem Blick
Beim Strahl von Wetterleuchten:
Ich las darin mein flammend Glück,
In seinem Glanz, dem feuchten.

Es warf der Wind dein duft'ges Haar
10 Mir spielend um Stirn und Wangen,
Es flüsterte lockend die Wellenschar
Von heißem tiefen Verlangen.

Die Lippen waren sich so nah.
Ich hielt dich fest umschlungen;
15 Mein Werben und dein stammelnd Ja,
Die hat der Wind verschlungen....

Arbeitsanregungen

1. a) Stellen Sie für Rilkes „Liebes-Lied" fest, in welchem Verhältnis das lyrische Ich zur Geliebten steht.
   b) Untersuchen Sie, welche Funktion Metrum und Reimschema in Rilkes „Liebes-Lied" haben.
2. Zeigen Sie, in welchem Zustand sich das lyrische Ich in Hofmannsthals „Frage" befindet. Welches vorherrschende Stilmittel unterstützt diesen Eindruck?
3. Beschreiben Sie das Verhältnis von Mensch und Natur in Hofmannsthals „Sturmnacht". Untersuchen Sie das Metrum und deuten Sie es.
4. „Lied" und „Worte" stehen am Ende von zwei Gedichten. Versuchen Sie eine Deutung ihrer Funktion.
5. Auf dieser Seite finden Sie ein Gedicht ohne Stropheneinteilung, eines mit gleich gebauten Strophen und ein Sonett. Zeigen Sie für jedes der Gedichte den Zusammenhang von Form und Inhalt.

Ricarda Huch
Ohne Titel (1907)

Ich bin dein Schatten, du bist, der mich schafft,
Du gibst Gestalt und Maß mir und Bewegen.
Mit dir nur kann ich heben mich und legen,
Ich dein Geschöpf, du Willen mir und Kraft.

5 Dir angeschmiegt bin ich in deiner Haft,
Wie die von Ketten schwer den Fuß nicht regen.
Was du mir tust, ich kämpfe nicht entgegen,
Durch dein Gebot belebt und hingerafft.

Doch bin ich dein, auch du gehörst der Deinen.
10 Du kannst mir nicht entfliehn, dich neu gewänn ich,
Mich nicht verstoßen, neu würd ich erkoren.

Solange Sonn und Sterne dich bescheinen,
Siehst du zu deinen Füßen unzertrennlich
Die Liebende, für dich aus dir geboren.

Stefan George
Ohne Titel (1918/19)

Du schlank und rein wie eine flamme
Du wie der morgen zart und licht
Du blühend reis vom edlen stamme
Du wie ein quell geheim und schlicht

5 Begleitest mich auf sonnigen matten
Umschauerst mich im abendrauch
Erleuchtest meinen weg im schatten
Du kühler wind du heißer hauch

Du bist mein wunsch und mein gedanke
10 Ich atme dich mit jeder luft
Ich schlürfe dich mit jedem tranke
Ich küsse dich mit jedem duft

Du blühend reis vom edlen stamme
Du wie ein quell geheim und schlicht
15 Du schlank und rein wie eine flamme
Du wie der morgen zart und licht.

Arbeitsanregungen

1. Setzen Sie den Aufbau des Sonetts von Ricarda Huch mit dessen Inhalt in Beziehung.
2. Analysieren Sie die Syntax in Stefan Georges Gedicht.
3. Zeigen Sie, welche Bedeutung die vier Elemente in Georges Gedicht haben, und schließen Sie daraus auf die dem Gedicht zu Grunde liegende Vorstellung von Liebe.
4. Vergleichen Sie die Beziehung des lyrischen Ichs zum Du in Georges und Huchs Texten und belegen Sie Ihre Thesen am Text. Achten Sie auf Vergleiche und Bilder.
5. Vergleichen Sie das in den Gedichten formulierte Verhältnis der Liebenden mit dem im Bild rechts gezeigten.
6. Vervollständigen Sie für jedes der Gedichte der letzten beiden Seiten folgenden Satz:
"Liebe ist/bedeutet/bewirkt ..."
Welche Vorstellung von Liebe wird jeweils deutlich?

Jean Delville: Liebende Seelen (1900)

Sigmund Freud (6.5.1856 – 23.9.1939) entwickelte das psychoanalytische Therapieverfahren und formulierte in diesem Zusammenhang eine Theorie der Triebstruktur menschlichen Verhaltens. Er sah im Geschlechtstrieb den zentralen Trieb, der durch gesellschaftliche Regeln und Tabus unterdrückt wird, woraus Fehlentwicklungen (Neurosen) entstehen können. Freud setzte den Begriff des Unbewussten in der Psychologie durch. Auch wenn seine Theorie häufig kritisiert und z.T. widerlegt wurde, war sie von großem Einfluss nicht nur in der Psychologie, sondern auch in Philosophie, Kunst und Literatur.

Sigmund Freud
Beiträge zur Psychologie des Liebeslebens

Die Tatsache, dass die kulturelle Zügelung des Liebeslebens eine allgemeinste Erniedrigung der Sexualobjekte mit sich bringt, mag uns veranlassen, unseren Blick von den Objekten weg auf die Triebe selbst zu lenken. Der Schaden der anfänglichen Versagung des Sexualgenusses äußert sich darin, dass dessen spätere Freigebung in der Ehe nicht mehr voll befriedigend wirkt. Aber auch die uneingeschränkte Sexualfreiheit von Anfang an führt zu keinem besseren Ergebnis. Es ist leicht festzustellen, dass der psychische Wert des Liebesbedürfnisses sofort sinkt, sobald ihm die Befriedigung bequem gemacht wird. Es bedarf eines Hindernisses, um die Libido in die Höhe zu treiben, und wo die natürlichen Widerstände gegen die Befriedigung nicht ausreichen, haben die Menschen zu allen Zeiten konventionelle eingeschaltet, um die Liebe genießen zu können. Dies gilt für Individuen wie für Völker. In Zeiten, in denen die Liebesbefriedigung keine Schwierigkeiten fand, wie etwa während des Niederganges der antiken Kultur, wurde die Liebe wertlos, das Leben leer, und es bedurfte starker Reaktionsbildungen, um die unentbehrlichen Affektwerte wieder herzustellen. [...]

Die Liebe [ist] im Grunde heute so animalisch, wie sie es von jeher war. Die Liebestriebe sind schwer erziehbar, ihre Erziehung ergibt bald zu viel, bald zu wenig. Das, was die Kultur aus ihnen machen will, scheint ohne fühlbare Einbuße an Lust nicht erreichbar, die Fortdauer der unverwerteten Regungen gibt sich bei der Sexualtätigkeit als Unbefriedigung zu erkennen.

So müsste man sich denn vielleicht mit dem Gedanken befreunden, dass eine Ausgleichung der Ansprüche des Sexualtriebes mit den Anforderungen der Kultur überhaupt nicht möglich ist, dass Verzicht und Leiden sowie in weitester Ferne die Gefahr des Erlöschens des Menschengeschlechts infolge seiner Kulturentwicklung nicht abgewendet werden können. Diese trübe Prognose ruht allerdings auf der einzigen Vermutung, dass die kulturelle Unbefriedigung die notwendige Folge gewisser Besonderheiten ist, welche der Sexualtrieb unter dem Drucke der Kultur angenommen hat. Die nämliche Unfähigkeit des Sexualtriebes, volle Befriedigung zu ergeben, sobald er den ersten Anforderungen der Kultur unterlegen ist, wird aber zur Quelle der großartigsten Kulturleistungen, welche durch immer weiter gehende Sublimierung seiner Triebkomponenten bewerkstelligt werden. Denn welches Motiv hätten die Menschen, sexuelle Triebkräfte anderen Verwendungen zuzuführen, wenn sich aus denselben bei irgendeiner Verteilung volle Lustbefriedigung ergeben hätte? Sie kämen von dieser Lust nicht wieder los und brächten keinen weiteren Fortschritt zu Stande. So scheint es, dass sie durch die unausgleichbare Differenz zwischen den Anforderungen der beiden Triebe – des sexuellen und des egoistischen – zu immer höheren Leistungen befähigt werden.

Arbeitsanregungen

1. Beschreiben Sie das hier dargestellte Verhältnis von Lustempfinden und Triebkontrolle und zeigen Sie den Zusammenhang von Triebkontrolle und Kunst.
2. Formulieren Sie in eigenen Worten, warum nach Freud die Kulturentwicklung möglicherweise zum „Auslöschen des Menschengeschlechts" führen könnte.
3. Versuchen Sie mit Hilfe von Freuds Thesen Erscheinungen unserer Zeit (freizügiger Umgang mit Sexualität, Abnahme der Geburtenzahlen etc.) zu erklären.

B „Liebe ist ..." – Liebeslyrik vom Barock bis zur Gegenwart

Else Lasker-Schüler
Ein alter Tibetteppich (1910)

Deine Seele, die die meine liebet,
Ist verwirkt mit ihr im Teppichtibet.

Strahl in Strahl, verliebte Farben,
Sterne, die sich himmellang umwarben.

5 Unsere Füße ruhen auf der Kostbarkeit
Maschentausendabertausendweit.

Süßer Lamasohn auf Moschuspflanzenthron
Wie lange küsst dein Mund den meinen wohl
Und Wang die Wange buntgeknüpfte Zeiten schon?

Arbeitsanregungen
1. Malen Sie den alten Tibetteppich.
2. Erläutern Sie, welche Funktion das Bild des Tibetteppichs hat.
3. Untersuchen Sie die Strophenform und berücksichtigen Sie Ihre Ergebnisse bei Ihrer Interpretation.

Else Lasker-Schüler
Mein Liebeslied (1911)

Auf deinen Wangen liegen
Goldene Tauben.

Aber dein Herz ist ein Wirbelwind,
Dein Blut rauscht, wie mein Blut –

5 Süß
An Himbeersträuchern vorbei.

O, ich denke an dich –
Die Nacht frage nur.

Niemand kann so schön
10 Mit deinen Händen spielen,

Schlösser bauen, wie ich
Aus Goldfinger

Burgen mit hohen Türmen!
Strandräuber sind wir dann.

15 Wenn du da bist,
Bin ich immer reich.

Du nimmst mich so zu dir,
Ich sehe dein Herz sternen.

Schillernde Eidechsen
20 Sind deine Geweide.

Du bist ganz aus Gold –
Alle Lippen halten den Atem an.

Else Lasker-Schüler (1869–1945): Jussuf (1919)

Arbeitsanregungen
1. Lesen Sie „Mein Liebeslied" mehrmals und notieren Sie die Assoziationen, die in Ihnen bei der Lektüre entstehen.
2. Beschreiben Sie die Schreibweise in „Mein Liebeslied".
3. Versuchen Sie, die ungewöhnlichen Bilder (Chiffren) zu deuten.

„Fleisch, das nackt ging" – Expressionismus

Die Unsicherheit des bürgerlichen Subjekts um die Jahrhundertwende spitzt sich zu Beginn des 20. Jahrhunderts zu, nicht zuletzt unter dem Eindruck des Erscheinens des Halleyschen Kometen und den Erfahrungen des Ersten Weltkriegs. Sie zeitigt höchst gegensätzliche Reaktionen: Resignation, Sinnverlust, Endzeitstimmung stehen Aufbruchs- und Allmachtsfantasien gegenüber.

Ernst Stadler
Lover's Seat (1911)

Im Abend sind wir steile grünbebuschte Dünenwege hingeschritten.
Du ruhst an mich gedrängt. Die Kreideklippe schwingt ihr schimmerndes Gefieder über
                                                            tiefem Meere.
Hier, wo der Fels in jäher Todesgier ins Leere
Hinüberlehnt, sind einst zwei Liebende ins weiche blaue Bett geglitten.
5 Fern tönt die Brandung. Zwischen Küssen lausch ich der Legende,
Die lachend mir dein Mund in den erglühten Sommerabend spricht.
Doch tief mich beugend seh' ich wie im Glück erstarren dein Gesicht
Und dumpfe Schwermut hinter deinen Wimpern warten und das nahe Ende.

Arbeitsanregungen
1. Stellen Sie sich vor, Sie sähen die beschriebene Szene als Film. Was wäre zu sehen und zu hören?
2. Legen Sie dar, in welchem Verhältnis der beschriebene Ort und die Natur zur dargestellten Liebessituation stehen.
3. Untersuchen Sie die Syntax und die lautliche Gestaltung des Gedichts.

Franz Werfel
Als mich dein Wandeln an den Tod verzückte (1913)

Als mich dein Dasein tränenwärts entrückte,
Und ich durch dich ins Unermessne schwärmte,
Erlebten diesen Tag nicht Abgehärmte,
Mühselig Millionen Unterdrückte?

5 Als mich dein Wandeln an den Tod verzückte,
War um uns Arbeit und die Erde lärmte,
Und Leere gab es, gottlos Unerwärmte,
Es lebten und es starben Niebeglückte!

Da ich von dir geschwellt war zum Entschweben,
10 So viele waren, die im Dumpfen stampften,
an Pulten schrumpften und vor Kesseln dampften.

Ihr Keuchenden auf Straßen und auf Flüssen!!
Gibt es kein Gleichgewicht in Welt und Leben,
Wie werd' ich diese Schuld bezahlen müssen!?

Arbeitsanregungen
1. Untersuchen Sie das Verhältnis von Liebendem und Gesellschaft.
2. Es ist von „Gleichgewicht in Welt und Leben" die Rede. Was ist damit gemeint? Ist ein solches Gleichgewicht auch im Gedicht erkennbar?
3. Vergleichen Sie die Funktion der Umwelt in beiden Gedichten.

Gottfried Benn
D-Zug (1912)

Braun wie Kognak. Braun wie Laub. Rotbraun. Malaiengelb.
D-Zug Berlin-Trelleborg und die Ostseebäder.

Fleisch, das nackt ging.
Bis in den Mund gebräunt vom Meer.
5 Reif gesenkt, zu griechischem Glück.
In Sichel-Sehnsucht: wie weit der Sommer ist!
Vorletzter Tag des neunten Monats schon!

Stoppel und letzte Mandel lechzt in uns.
Entfaltungen, das Blut, die Müdigkeiten,
10 Die Georginennähe macht uns wirr.

Männerbraun stürzt sich auf Frauenbraun:

Eine Frau ist etwas für eine Nacht.
Und wenn es schön war, noch für die nächste!
Oh! Und dann wieder dies Bei-sich-selbst-Sein!
15 Diese Stummheiten! Dies Getriebenwerden!

Eine Frau ist etwas mit Geruch.
Unsägliches! Stirb hin! Resede.
Darin ist Süden, Hirt und Meer.
An jedem Abhang lehnt ein Glück.

20 Frauenhellbraun taumelt an Männerdunkelbraun:

Halte mich! Du, ich falle!
Ich bin im Nacken so müde.
Oh, dieser fiebernde süße
letzte Geruch aus den Gärten.   R

Alfred Lichtenstein
Mädchen (1913)

Sie halten den Abend der Stuben nicht aus.
Sie schleichen in tiefe Sternstraßen hinaus.
Wie weich ist die Welt im Laternenwind!
Wie seltsam summend das Leben zerrinnt ...
5 Sie laufen an Gärten und Häusern vorbei,
Als ob ganz fern ein Leuchten sei,
Und sehen jeden lüsternen Mann
Wie einen süßen Herrn Heiland an.

Arbeitsanregungen

1. Bilden Sie Gruppen und versuchen Sie die Stimmung des Benn-Gedichts in einem Standbild auszudrücken.
2. Betrachten Sie die Standbilder der einzelnen Gruppen und schreiben Sie Ihre Beobachtungen und Assoziationen auf. Vergleichen Sie sie.
3. Zeigen Sie, wie Dinge, Menschen und Gefühle in diesem Gedicht wahrgenommen und in Beziehung zueinander gesetzt werden.
4. Analysieren Sie das Gedicht von Lichtenstein. Achten Sie dabei auf den Satzbau, die Anaphern und den Paarreim.
5. Zeigen Sie, welches Menschenbild in den beiden Gedichten und in dem Bild von George Grosz zum Ausdruck kommt. Gibt es Ähnlichkeiten?

George Grosz (1895–1953):
Die Straße (1915)

Georg Heym
Eifersucht (1910)

Die Straße wird zu einem breiten Strich.
Die Häuser werden weiß wie eine Wand.
Die Sonne wird ein Mond. Und unbekannt,
Gleichgültig, fremd ein jedes Angesicht.

5 Sie sehen aus wie Blätter von Papier,
Weiß, unbeschrieben. Aber hinten winkt
Ein schlankes blaues Kleid, das fern versinkt
Und wieder auftaucht und sich fern verliert.

Auf seinem Nacken sitzt die Eifersucht.
10 Ein altes Weib, gestiefelt. Einen Dorn
Bohrt in das Hirn sie ihm und haut den Sporn
In ihres Reittiers weicher Flanken Bucht.

August Stramm
Wunder (1914)

Du steht! Du steht!
Und ich
Und ich
Ich winge
5 Raumlos zeitlos wäglos
Du steht! Du steht!
Und
Rasen bäret mich
Ich
10 Bär mich selber!
Du!
Du!
Du bannt die Zeit
Du bogt der Kreis
15 Du seelt der Geist
Du blickt der Blick
Du
Kreist die Welt
Die Welt
20 Die Welt!
Ich
Kreis das All!
Und du
Und du
25 Du
Stehst
Das
Wunder!

Egon Schiele (1890–1918):
Tod und Mädchen (Selbst-
porträt mit Walli), 1915

Arbeitsanregungen
1. Das Gedicht von Georg Heym beschreibt die Eifersucht in sprachlichen Bildern. Malen Sie sie.
2. August Stramm verstößt gegen mehrere Regeln der deutschen Grammatik. Beschreiben Sie die Wirkung dieses Stilmittels.
3. Beide Gedichte versuchen, auf je unterschiedliche Weise die Besonderheiten eines bestimmten Gefühlszustandes darzustellen. Beschreiben Sie vor diesem Hintergrund das Bild von Egon Schiele, verdichten Sie ihre Beschreibung zu einem lyrischen Text und geben Sie diesem einen Titel.

Referat: Stellen Sie Ihrem Kurs die Lyrik-Anthologie „Menschheitsdämmerung" vor. Zeigen Sie an Beispielen, welche Themen im zweiten Jahrzehnt des 20. Jahrhunderts wichtig waren.

B „Liebe ist ..." – Liebeslyrik vom Barock bis zur Gegenwart

INFOBLOCK

STRÖMUNGEN ZU BEGINN DES 20. JAHRHUNDERTS: EXPRESSIONISMUS UND DADAISMUS

Der **Expressionismus** versteht sich als Ausdruckskunst, was aber nicht heißt, dass es nur um die Darstellung emotionaler Befindlichkeiten geht. Im Gegenteil: Die Expressionisten gaben ihren Anschauungen in zahlreichen Manifesten und theoretischen Schriften Ausdruck. Sie verstanden sich als politische und ästhetische Avantgarde, wandten sich gegen die Tradition und setzten sich für eine moralische Erneuerung und eine Revolutionierung der Kunst ein. Auffällig ist der Stilpluralismus dieser Strömung. Elemente früherer literarischer Richtungen werden zitiert, variiert, ironisiert, collagiert. Häufig ungewöhnliche, oft drastische Bilder, Ausrufe, Neologismen und der häufig verwendete Zeilenstil, der den Eindruck von simultan ablaufenden Aktionen vermittelt, sind einige der Merkmale expressionistischer Sprache.

Der **Dadaismus**, zu dessen wichtigsten Vertretern Hugo Ball, Hans Arp und Kurt Schwitters gehören, nimmt Wörter und Laute als Material, das rhythmisch geformt wird, mit dem Ziel, unmittelbaren Ausdruck zu erreichen. Es geht nicht um Unmittelbarkeit von Bedeutung, sondern um die Spontaneität des Ausdrucks. Wichtiges Mittel war die Collagetechnik, die es ermöglichte, vertraute Zusammenhänge aufzubrechen.
Großen Einfluss entwickelten die entstehende abstrakte Malerei sowie Manifeste des Futurismus und Surrealismus.

Ludwig Meidner (1884–1966):
Apokalyptische Landschaft (1913)

Aus: „Der Dada", Nr. 2, Berlin 1919

„Die Dinge reden: In den Dingen ist Wille und Form."
(Wassily Kandinsky)

„Kunst ist der Notschrei jener, die an sich das Schicksal der Menschheit erleben.
Die nicht mit ihm sich abfinden, sondern sich mit ihm auseinandersetzen."
(Arnold Schönberg, 1911)

„Dilettanten erhebt Euch gegen die Kunst!"
(Dada-Appell 1920)

Arbeitsanregung

Arbeiten Sie anhand der Bilder und der Zitate die unterschiedliche Haltung der Expressionisten und der Dadaisten zu Kunst und Realität heraus.

Kurt Schwitters
An Anna Blume (1919)

O du, Geliebte meiner siebenundzwanzig Sinne, ich
liebe dir! – Du deiner dich dir, ich dir, du mir.
– Wir?
Das gehört (beiläufig) nicht hierher.
5   Wer bist du, ungezähltes Frauenzimmer? Du bist
– bist du? – Die Leute sagen, du wärest – lass
sie sagen, sie wissen nicht, wie der Kirchturm steht.
Du trägst den Hut auf deinen Füßen und wanderst
auf die Hände, auf den Händen wanderst du.
10   Hallo, deine roten Kleider, in weiße Falten zersägt.
Rot liebe ich Anna Blume, rot liebe ich dir! – Du
deiner dich dir, ich dir, du mir. – Wir?
Das gehört (beiläufig) in die kalte Glut.
Rote Blume, rote Anna Blume, wie sagen die Leute?
15   Preisfrage: 1.) Anna Blume hat ein Vogel.
              2.) Anna Blume ist rot.
              3.) Welche Farbe hat der Vogel?
Blau ist die Farbe deines gelben Haares,
Rot ist das Girren deines grünen Vogels.
20   Du schlichtes Mädchen im Alltagskleid, du liebes
grünes Tier, ich liebe dir! – Du deiner dich dir, ich
dir, du mir, – Wir?
Das gehört (beiläufig) in die Glutenkiste.
Anna Blume! Anna, a-n-n-a, ich träufle deinen Namen.
25   Dein Name tropft wie weiches Rindertalg.
Weißt du es, Anna, weißt du es schon?
Man kann dich auch von hinten lesen, und du, du
Herrlichste von allen, du bist von hinten wie von
vorne: »a-n-n-a«.
30   Rindertalg träufelt streicheln über meinen Rücken.
Anna Blume, du tropfes Tier, ich liebe dir!

Arbeitsanregungen

1. Versuchen Sie, durch genaues und mehrfaches lautes Lesen dem literarischen Prinzip dieses Gedichts auf die Spur zu kommen. Sie können dabei mit verschiedenen Arten des Sprechens experimentieren (Variation in Tempo, Lautstärke, Ausdruck, Wiederholungen, Sprechen im Chor etc.)
2. Beschreiben Sie, wie das Gedicht – laut vorgetragen – wirkt, und stellen Sie fest, wodurch diese Wirkung erzeugt wird.
3. Gehen Sie zurück zu S. 47. Vergleichen Sie nun auf der Grundlage dessen, was Sie in diesem Kapitel erarbeitet haben, die beiden Gedichte. Versuchen Sie, sie einer Strömung zuzuweisen, und begründen Sie Ihre Entscheidung.

3.2 „Die Herzen lagen auf den Gleisen" – Weimar und Exil

Der hier gewählte Einschnitt ist ein pragmatischer. Viele Traditionslinien ziehen sich in die Literatur der Weimarer Republik, des Dritten Reichs und des Exils weiter. Trotzdem markiert das Ende des Ersten Weltkriegs und mit ihm das Ende der Monarchie in Deutschland den Beginn gravierender gesellschaftlicher Umwälzungen mit entsprechenden Folgen für Kunst und Literatur. Extrem unterschiedliche Strömungen bestimmten das literarische Leben, politische Agitation, völkische Literatur und Avantgarde. Die Demokratisierung der Gesellschaft wirkte sich auf die Literatur aus, insofern als sie stärker öffentlich wahrgenommen wurde und moderne Formen sich durchsetzen konnten. Für viele Genres entstanden in den Zwanzigerjahren prägende Muster. Eine wichtige Rolle spielte das Kabarett, das Lyrik in einen öffentlichen Kommunikationszusammenhang stellte. Die kritischen Texte bedienten sich dabei einer Vielfalt von Formen und Sprachstilen.

Erich Kästner
Repetition[1] des Gefühls (1929)

Eines Tages war sie wieder da …
Und sie fände ihn bedeutend blässer.
Als er dann zu ihr hinübersah,
meinte sie, ihr gehe es nicht besser.

5 Morgen Abend wolle sie schon weiter.
Nach dem Allgäu oder nach Tirol.
Anfangs war sie unaufhörlich heiter.
Später sagte sie, ihr sei nicht wohl.

Und er strich ihr müde durch die Haare.
10 Endlich fragte er dezent: „Du weinst?"
Und sie dachten an vergangne Jahre.
Und so wurde es zum Schluss wie einst.

Als sie an dem nächsten Tag erwachten,
waren sie einander fremd wie nie.
15 Und so oft sie sprachen oder lachten,
logen sie.

Gegen Abend musste sie dann reisen.
Und sie winkten. Doch sie winkten nur.
Denn die Herzen lagen auf den Gleisen,
20 über die der Zug ins Allgäu fuhr.

[1] **Repetition:** Wiederholung

Joachim Ringelnatz
Ich habe dich so lieb (1928)

Ich habe dich so lieb!
Ich würde dir ohne Bedenken
Eine Kachel aus meinem Ofen
Schenken.

5 Ich habe dir nichts getan.
Nun ist mir traurig zu Mut.
An den Hängen der Eisenbahn
Leuchtet der Ginster so gut.

Vorbei – verjährt –
10 Doch nimmer vergessen.
Ich reise.
Alles, was lange währt,
Ist leise.

Die Zeit entstellt
15 Alle Lebewesen.
Ein Hund bellt.
Er kann nicht lesen.
Er kann nicht schreiben.
Wir können nicht bleiben.
20 Ich lache.
Die Löcher sind die Hauptsache
An einem Sieb.

Ich habe dich so lieb.

Arbeitsanregungen

1. a) Notieren Sie Auffälligkeiten in Kästners Gedicht (Wortwahl, Wortwiederholungen, Bilder, Unregelmäßigkeiten) und nehmen Sie sie zum Ausgangspunkt Ihrer Deutung.
   b) Erläutern Sie die Wahl des Wortes „Repetition" im Titel.
2. Untersuchen Sie die Bilder und Assoziationen, die Ringelnatz verwendet, und beschreiben Sie, welche Funktion sie für die Darstellung der Liebesbeziehung haben.
3. Beide Gedichte handeln von Abschied. Zeigen Sie die Unterschiede sowohl in der Sprechhaltung als auch in der Darstellung der Beziehung.

Kurt Tucholsky
Danach (1930)

Es wird nach einem happy end
Im Film jewöhnlich abjeblendt.
    Man sieht bloß noch in ihre Lippen
    den Helden seinen Schnurrbart stippen –
5   da hat sie nu den Schentelmen.
        Na, un denn –?

Denn jehn die beeden brav ins Bett.
Na ja ... diß is ja auch janz nett.
    A manchmal möcht man doch jern wissn:
10   Wat tun se, wenn se sich nich kissn?
    Die könn ja doch nich imma penn ...!
        Na, un denn –?

Denn säuselt im Kamin der Wind.
Denn kricht det junge Paar 'n Kind.
15   Denn kocht sie Milch. Die Milch looft üba.
    Denn macht er Krach. Denn weent sie drüba.
    Denn wolln sich beede jänzlich trenn ...
        Na, un denn –?

Denn is det Kind nich uffn Damm.
20 Denn bleihm die beeden doch zesamm.
    Denn quäln se sich noch manche Jahre.
    Er will noch wat mit blonde Haare:
    vorn doof und hinten minorenn ...
        Na, und denn –?

25 Denn sind se alt.
    Der Sohn haut ab.
Der Olle macht nu ooch bald schlapp.
    Vajessen Kuß und Schnurrbartzeit –
    Ach, Menschenskind, wie liecht det weit!
30   Wie der noch scharf uff Muttern war,
    det is schon beinah nich mehr wahr!
    Der olle Mann denkt so zurück:
    wat hat er nu von seinen Jlück?
    Die Ehe war zum jrößten Teile
35   vabrühte Milch un Langeweile.
Und darum wird beim happy end
im Film jewöhnlich abjeblendt.   R

Arbeitsanregungen

1. Erläutern Sie, welches Verständnis von Liebe und Ehe hier deutlich wird.
2. Suchen Sie Gründe, warum Tucholsky im Berliner Dialekt schreibt.
3. Überlegen Sie, ob dieses Gedicht sich kritisch mit dem damals neuen Medium Film auseinandersetzt.
4. Vergleichen Sie dieses Gedicht mit Bertolt Brechts „Ballade von Hanna Cash".

„Doch jene Wolke blühte nur Minuten" – Bertolt Brecht

Bertolt Brecht (eigentlich: Berthold Eugen Friedrich Brecht, geboren am 10.02.1898 in Augsburg, gestorben am 14.08.1956 in Berlin/Ost) studierte in München (vorwiegend Medizin), siedelte 1924 nach Berlin um, emigrierte 1933 über Prag, Wien, Zürich und Paris nach Dänemark, dann über Schweden, Finnland und Wladiwostok in die USA nach Kalifornien. 1947 kehrte er nach Europa zurück, zuerst nach Zürich, dann 1948 in die neu gegründete DDR. Dort leitete er das Theater am Schiffbauerdamm in Berlin. Brecht hatte vier Kinder von drei Frauen und pflegte häufig Beziehungen zu mehreren Frauen gleichzeitig.

Bertolt Brecht
Erinnerung an Marie A. (1920)[1]

1

An jenem Tag im blauen Mond September
Still unter einem jungen Pflaumenbaum
Da hielt ich sie, die stille bleiche Liebe
5 In meinem Arm wie einen holden Traum.
Und über uns im schönen Sommerhimmel
War eine Wolke, die ich lange sah
Sie war sehr weiß und ungeheuer oben
Und als ich aufsah, war sie nimmer da.

10 2

Seit jenem Tag sind viele, viele Monde
Geschwommen still hinunter und vorbei
Die Pflaumenbäume sind wohl abgehauen
Und fragst du mich, was mit der Liebe sei?
15 So sag ich dir: Ich kann mich nicht erinnern.
Und doch, gewiß, ich weiß schon, was du meinst
Doch ihr Gesicht, das weiß ich wirklich nimmer
Ich weiß nur mehr: Ich küßte es dereinst.

3

20 Und auch den Kuß, ich hätt ihn längst vergessen
Wenn nicht die Wolke da gewesen wär
Die weiß ich noch und werd ich immer wissen
Sie war sehr weiß und kam von oben her.
Die Pflaumenbäume blühn vielleicht noch immer
25 Und jene Frau hat jetzt vielleicht das siebte Kind
Doch jene Wolke blühte nur Minuten
Und als ich aufsah, schwand sie schon im Wind. [R]

Bertolt Brecht: Porträt (1931)

[1] Anspielung auf Marie Rose Aman, eine Jugendliebe Brechts in Augsburg

Arbeitsanregungen

1. Formulieren Sie Überschriften für jede Strophe.
2. Beschreiben Sie die Reimstruktur und stellen Sie fest, welche Wirkung durch sie erzielt wird.
3. Erklären Sie die Funktion des Bildes der weißen Wolke. Wofür kann es stehen? Geht es nur um die Darstellung eines Liebesaktes?

Mögliches Referatthema: Bertolt Brecht und die Frauen

Bertolt Brecht
Entdeckung an einer jungen Frau (um 1925)

Des Morgens nüchterner Abschied, eine Frau
Kühl zwischen Tür und Angel, kühl besehn
Da sah ich: eine Strähn in ihrem Haar war grau
Ich konnt mich nicht entschließen mehr zu gehn

5 Stumm nahm ich ihre Brust, und als sie fragte
Warum ich, Nachtgast, nach Verlauf der Nacht
Nicht gehen wolle, denn so war's gedacht
Sah ich sie unumwunden an und sagte

Ist's nur noch eine Nacht, will ich noch bleiben
10 Doch nütze deine Zeit, das ist das Schlimme
Daß du so zwischen Tür und Angel stehst

Und laß uns die Gespräche rascher treiben
Denn wir vergaßen ganz, daß du vergehst
Und es verschlug Begierde mir die Stimme R

Bertolt Brecht
Der Abschied (um 1937)

Wir umarmen uns.
Ich fasse reichen Stoff
Du fassest armen.
Die Umarmung ist schnell.
Du gehst zu einem Mahl
Hinter mir sind die Schergen.
Wir sprechen vom Wetter und von unsrer
Dauernden Freundschaft. Alles andere
Wäre zu bitter. R

Bertolt Brecht
Das elfte Sonett (1934)[1]

Als ich dich in dies fremde Land verschickte
Sucht ich dir, rechnend mit sehr kalten Wintern
Die dicksten Hosen aus für den (geliebten) Hintern
Und für die Beine Strümpfe, gut gestrickte!

5 Für deine Brust und für unten am Leibe
Und für den Rücken sucht ich reine Wolle
Damit sie, was ich liebe, wärmen solle
Und etwas Wärme von mir bei dir bleibe.

So zog ich diesmal dich mit Sorgfalt an
10 Wie ich dich manchmal auszog (viel zu selten!
Ich wünscht, ich hätt das öfter noch getan!)

Mein Anziehn sollt dir wie mein Ausziehn gelten!
Nunmehr ist, dacht ich, alles gut verwahrt
Daß es auch nicht erkalt, so aufgespart! R

[1] **Margarete Steffin,** eine Geliebte Brechts, fuhr im Herbst 1934 zu einem Erholungsurlaub in die Sowjetunion.

*Max Beckmann (1884–1950):
Reise auf dem Fisch (1934)*

Arbeitsanregungen

1. In „Entdeckung an einer jungen Frau" wird das barocke *carpe-diem*-Motiv (S. 17) angesprochen. Erläutern Sie, welche Funktion es hier hat. Vergleichen Sie das Gedicht mit einem der Sonette im Barock-Kapitel.
2. Was trennt, was verbindet die Liebenden in „Der Abschied"? Was bedeutet „Alles andere"?
3. Untersuchen Sie die Pronomina in „Das elfte Sonett". Welche Rückschlüsse lassen sich daraus ziehen?
4. Das Bild von Max Beckmann thematisiert Liebe im Exil (wie „Der Abschied", „Das elfte Sonett"). Welche Aspekte können Sie in dem Beckmann-Bild erkennen? Schreiben Sie ein Gedicht zu diesem Bild.

3.3 „Erklär mir Liebe" – Liebe nach 1945

„Die Jahre von dir zu mir" – Die 1950er- und 1960er-Jahre

Ingeborg Bachmann
Erklär mir, Liebe (1956)

Dein Hut lüftet sich leis, grüßt, schwebt im Wind,
dein unbedeckter Kopf hat's Wolken angetan,
dein Herz hat anderswo zu tun,
dein Mund verleibt sich neue Sprachen ein,
5 das Zittergras im Land nimmt überhand,
Sternblumen bläst der Sommer an und aus,
von Flocken blind erhebst du dein Gesicht,
du lachst und weinst und gehst an dir zugrund,
was soll dir noch geschehen –

10 Erklär mir, Liebe!

Der Pfau, in feierlichem Staunen, schlägt sein Rad,
die Taube stellt den Federkragen hoch,
vom Gurren überfüllt, dehnt sich die Luft,
der Entrich schreit, vom wilden Honig nimmt
15 das ganze Land, auch im gesetzten Park
hat jedes Beet ein goldner Staub umsäumt.

Der Fisch errötet, überholt den Schwarm
und stürzt durch Grotten ins Korallenbett.
Zur Silbersandmusik tanzt scheu der Skorpion.
20 Der Käfer riecht die Herrlichste von weit;
hätt ich nur seinen Sinn, ich fühlte auch,
dass Flügel unter ihrem Panzer schimmern,
und nähm den Weg zum fernen Erdbeerstrauch!

Erklär mir, Liebe!

25 Wasser weiß zu reden,
die Welle nimmt die Welle an der Hand,
im Weinberg schwillt die Traube, springt und fällt.
So arglos tritt die Schnecke aus dem Haus!

Ein Stein weiß einen andern zu erweichen!

30 Erklär mir, Liebe, was ich nicht erklären kann:
Sollt ich die kurze schauerliche Zeit
nur mit Gedanken Umgang haben und allein
nichts Liebes kennen und nichts Liebes tun?
Muss einer denken? Wird er nicht vermisst?

35 Du sagst: es zählt ein andrer Geist auf ihn ...
Erklär mir nichts. Ich seh den Salamander
durch jedes Feuer gehen.
Kein Schauer jagt ihn, und es schmerzt ihn nichts.

INFOBLOCK

HERMETISCHE DICHTUNG

Die Autoren der Nachkriegszeit, die nach neuen Ausdrucksmöglichkeiten einer authentischen Sprache suchten, knüpften nicht an die Literatur der Weimarer Republik an, sondern bezogen sich zurück auf den französischen Symbolismus.
Ingeborg Bachmann (1926–1973) stellt wie **Paul Celan** (1920–1970, Freitod) die Fähigkeit der Worte in Frage, Wirklichkeit abzubilden. Mit einer Erweiterung der Sprache in der dichterischen Sprache, die nicht identisch ist mit der Alltagssprache, soll deren Grenze überschritten werden. Die Gedichte Bachmanns verweisen nicht eindeutig auf eine außersprachliche Wirklichkeit, sondern erzeugen mit häufig vieldeutiger Metaphorik vielmehr eine Atmosphäre, deren Deutung offen bleibt. Auch bei Celan repräsentieren Worte nicht mehr eine außersprachliche Wirklichkeit, seine Bilder werden absolute Metaphern, „Chiffren", die Werke hermetisch.
Das hat Folgen für die Interpretation. Hermetische Gedichte lassen sich bestenfalls näherungsweise verstehen. Geeignet sind Verfahren, die die Assoziationen des Rezipienten nutzen, wie sie z. B. auf der nächsten Seite vorgeschlagen werden.

Arbeitsanregungen

1. Bearbeiten Sie zuerst folgende Teilaufgaben:
   a) Stellen Sie Vermutungen an, wer das „Du" im ersten Abschnitt sein könnte.
   b) Überlegen Sie, welche Funktion die zahlreichen Beispiele haben. Beachten Sie die Reihenfolge, in der sie genannt werden.
   c) Was könnte mit „die kurze schauerliche Zeit" gemeint sein?
   d) Welche alternativen Lebensentwürfe werden formuliert?
   e) Wofür könnte der Salamander stehen?
2. Schreiben Sie eine Interpretation des Gedichts.

Paul Celan
Die Jahre von dir zu mir (1948)

Wieder wellt sich dein Haar, wenn ich wein. Mit dem Blau deiner Augen
deckst du den Tisch unsrer Liebe: ein Bett zwischen Sommer und Herbst.
Wir trinken, was einer gebraut, der nicht ich war; noch du, noch ein dritter:
wir schlürfen ein Leeres und Letztes.

5 Wir sehen uns zu in den Spiegeln der Tiefsee und reichen uns rascher die Speisen:
die Nacht ist die Nacht, sie beginnt mit dem Morgen,
sie legt mich zu dir.

Günter Eich
Westwind (1955)

Vorhergesagter Wind,
atlantische Störung,
der Schnee herträgt
und das Feuer im Ofen schürt.

5 Rostfleck
auf der Rüstung des Kreuzfahrers,
Regentropfen, nicht mehr weggewischt,
weil er starb.

Geruch des Hundefells
10 und verklebtes Haar.
Weich sinken die gespaltenen Hufe
der Zugochsen ein.

Auf der Kapuze
Perlen getauten Schnees,
15 beleuchtet
vom Schaufenster des Krämers.

Atlantisches Tief.
Morgen sind die Häher
auf den Tannen
20 voll Einverständnis.

Längen- und Breitengrad,
das Gemeindesiegel,
das den Ort festlegt,
der Regentropfen
25 auf der Geburtsurkunde.

Das Salz der Weisheit
und die Gräber auf dem Kirchenhügel.
Ich sage dir nicht oft genug,
dass ich dich liebe.

Christine Lavant
ohne Titel (1959)

Diese deine Herbergstelle
hast du lange schon gemieden
und ihr Rauch steigt abgeschieden.
Feigenwurz zersprengt die Quelle,
5 die dein Brunnen war.
Schon seit Tag und Jahr
üb ich mich im Hungerleiden,
um das Brot nicht anzuschneiden,
das ich aus dem Feuer holte
10 und mit dir verzehren wollte,
nur mit dir allein!
Härter als ein Stein
und – weiß Gott wovon? – besessen
rollt es schimmlig und vergessen
15 durch das ganze Haus.
Oft im Traum hör ich es sprechen:
Komm mich schneiden oder brechen,
teil mich endlich aus!

Arbeitsanregungen

Paul Celan (1920-1970), Günter Eich (1907-1972), Christine Lavant (1915-1973) sind sehr unterschiedliche Dichterpersönlichkeiten, aber sie sind ähnlich schwer zugänglich.
1. Versuchen Sie, die abgedruckten Gedichte in eine Reihenfolge zu bringen, z.B. nach dem Grad ihrer Abstraktheit.
2. Wählen Sie einen Satz oder Halbsatz aus einem der Gedichte, schreiben Sie ihn auf und schreiben Sie ihn weiter.
3. Bilden Sie mit den Bearbeitern desselben Gedichts eine Gruppe, schreiben Sie es auf ein großes Plakat, ergänzen Sie an den entsprechenden Stellen Ihre Texte und schreiben Sie in einer anderen Farbe Deutungsansätze dazu.

„Anders als der Staat das will" – Die 1970er-Jahre oder: Das Private ist das Politische

Die Autoren der 1970er-Jahre kritisierten die hermetische Lyrik der 1950er- und 1960er-Jahre. Die Lyrik wird zum einen politischer, wobei das Verhältnis von Individuum und Gesellschaft von DDR-Autoren wie Inge Müller und Thomas Brasch schon früher thematisiert wurde, zum anderen wird eine neue Subjektivität propagiert, die die Spontaneität des Erlebens, den Alltag in den Mittelpunkt rückt.

Inge Müller (1925–1966)
Liebe 45 (entstanden zwischen 1954–1961)

Sie hatten kein Haus. Sie hatten kein Bett.
Sie liebten sich draußen vorm Tor.
Hinter ihnen die Stadt starb den Bombentod.
Rot überm Rauch kam der Mond hervor.

Arbeitsanregung
Untersuchen Sie, in welchem Verhältnis Liebesbeziehung und Umwelt in diesem Gedicht gezeigt werden.

Thomas Brasch (1945–2001)
Liebeserklärung (1980)

Anders als der Staat das will (dieser jener jeder)
leben wir (du ich) unzufrieden in der kleinsten Zelle
die er uns bereitstellt und Familie nennt Anders
als der Staat das braucht lieben wir einander hastig
5 und betrügen eins das andere wie
der Staat das tut mit uns sagen wir einander Worte
unverständlich eins dem anderen wie Gesetze die der Staat
(dieser jener jeder) ausruft Anders
als der Staat das gern sieht leben wir (du ich) nicht in Frieden
10 miteinander und befriedigen einander ungleichzeitig
wenn wir zueinanderfallen in der Abend-Dämmerung der Geldzeit Anders
als der Staat das tut (dieser jener) spielen wir
in jeder Nacht das Spiel
Vereinigung Wieder und Wieder
15 hastig aufgerüstet schwer behängt mit Waffen
wie der Staat der uns doch ganz anders will wehrlos nämlich aber
der uns lehrt Misstraun blankes So
lieben wir einander weggeduckt unterm Blick wie
unter ausgeschriebner Fahndung Feinde (dieses jenes jedes) Staats
20 aber ähnlich ihm in der kleinsten Zelle angefressen schon
Krebs die Krankheit ist der Staat
(meiner nicht nicht deiner) anders als ers will
sterben wir ihm weg
aus seinem
25 großen kalten Bett

Arbeitsanregungen
1. Legen Sie eine Folie über den Text und markieren Sie mit unterschiedlichen Farben die verschiedenen wiederholten Wortgruppen. Welche Funktion haben diese Wiederholungen?
2. Deuten Sie die letzten drei Verse. Berücksichtigen Sie dabei, dass Thomas Brasch in der DDR lebte.

*Jürgen Theobaldy (*1944)*
Zwischen dir und mir (1974)

Wieder sitze ich im Zug. Das Hin und Her
der Gefühle. Morgens in Heidelberg
begann der Frühling mit weißen Wolken
über den Hängen. Ich weiß nicht, was
5 Angst um den Arbeitsplatz ist. Ich weiß, was Angst
aus Liebe ist. Du in deinem weißen Mantel, wie du
dich allmählich entfernst. Die Luft im Abteil
die schwer in meine Lunge sinkt. Die
vertrocknete Zeitung auf dem Sitz
10 gegenüber. Da ist immer noch Sonne auf den Hängen
und ist Liebe ein Luxus für schönere Zeiten?
Dieses Gedicht kommt nicht zu Ende, wenn
der Zug ankommt. Es begleitet uns
durch die Geschichte unsrer ungelösten Situationen
15 und ständig hält es etwas zurück, das wir
nicht erklären können. Zum Beispiel gibt es
Menschen, die wir hassen und solche, die wir
lieben. Den Hass auf jemanden wie Flick[1]
kann ich erklären; doch meine Liebe zu dir
20 ist wie die Fahrt durch diesen Tunnel mit
Frühling vorm Eingang und dunklen Wolken
hinter dem Berg.

Arbeitsanregungen
1. Untersuchen Sie das Gedicht, indem Sie das beschriebene Wetter, Hinweise auf gesellschaftliche Realität, die Liebesbeziehung und das Schreiben von Gedichten zueinander in Beziehung setzen.
2. Stellen Sie dar, inwiefern in den abgedruckten Gedichten das Private politisch ist.

[1] **Flick:** Industriellenfamilie, verwickelt in eine spektakuläre Parteispendenaffäre der 1970er-Jahre.

„Brav an der Kandare"? – Weibliche Selbstbehauptung in den 1970ern und 1980ern

Die Frauenbewegung, die schon seit Ende der 1960er-Jahre die traditionellen Rollen in Frage stellte und ein neues Selbstverständnis der Frau und damit auch der Geschlechterbeziehungen zu formulieren suchte, wurde in vielen Gedichten der 1970er- und 1980er-Jahre thematisch aufgegriffen.

Johanna Moosdorf (1911–2000)
Aufbruch

Brav an der Kandare
Nase auf seiner Spur
sein Glück: ich will, das ihre:
er will – dort Geist hier Natur

5 Schüchtern am Zaun gestanden
begierig hinübergelinst
Wo Tat war und Gedanke
Wissen – auch Hirngespinst

Oft an Gittern gerüttelt
10 aber die hielten fest
Kränkungen abgeschüttelt
Schweigen der Rest

Seine Gehirnexplosionen
ehrerbietig betreut
15 fleißig die Krümchen gesammelt
die der kreißende Berg verstreut

Nun ist er furchtbar erbittert
versteht nicht was ihr missfällt
hat ihr doch aufgestoßen
20 auch ihr die Fenster zur Welt

Sie aber rafft die Röcke
und bindet den Wanderschuh
geht unbehauene Wege
zum Ich
25 zum Du

*Ulla Hahn (*1946)*
Stillständiges Sonett (zwischen 1990–93)

Mein Herz ist bei dir, sagst du. Frag ich: Wo
sind Hand und Fuß? Das Mittelstück? Das
Untenrumherum? Wie lebt es sich links
oben ohne? Herzlos Hauptgewinn? Was

5 fange ich mit diesem glibberigen Muskel an?
Den du mir zugesteckt hast heimlich wie ein Kind
die Mutter könnt es sehen und dem Vater sagen
Soll ich's in Sauer legen dass es lustig wird?

dein Herz bei mir?
10 Noch nähre ich es dir mit meinem Blut noch
schuftet meins für zwei. Doch es wird müde.

Fasst du dir deins nicht bald
nimmst es in deine Hand nimmt meine:
Stolpert meins über deins stolpern stehen still beide.

*Ursula Krechel (*1947)*
Alle Leichtigkeit fort (1979)

Alle Leichtigkeit fort
Schnee pappt grau an den Sohlen
du liebtest eine Zwergin.
Die wuchs.   R

*Christa Kožik (*1941)*
Jahrhundertelang (1988)

wählten Männer
sich Frauen aus.
Die warteten demütig
5 sanft senkten sie
scheu den Kopf,
die Lider, den Blick
nach innen gekehrt.

Ich habe meinen
10 Nacken erhoben,
die Augen weit geöffnet.
Nicht ohne Staunen
sehe ich mich um.

Und wenn
15 mir einer so gefällt,
dass mir der Atem
stockt in seiner Nähe,
dann sag ich's ihm
vor allen
20   – oder nie.

Arbeitsanregungen

1. Beschreiben Sie, wie in den verschiedenen Gedichten das Verhältnis von Mann und Frau gesehen wird.
2. Versuchen Sie, das Bild des Herzens in Ulla Hahns Sonett zu erklären.
3. Wählen Sie eines der Gedichte. Versetzen Sie sich in das jeweilige lyrische Ich, schreiben Sie einen „Ich-Text" und sprechen Sie dann mit den anderen Ichs über Ihre Vorstellungen von Liebe und Partnerschaft. Sind sie einer Meinung?

INFOBLOCK

LYRIK AB DER MITTE DES 20. JAHRHUNDERTS

Die letzten geschlossenen Phasen in der Entwicklung der Lyrik zu Beginn des 20. Jahrhunderts waren der Expressionismus und der Dadaismus.

Schon in der Lyrik der Weimarer Zeit findet sich formal sehr Disparates. Mag auch in der einen oder anderen Phase eine Richtung stärkeres Gewicht gehabt haben, z. B. die hermetische Dichtung der 1950er- und 1960er-Jahre, so ist heute eine Vielzahl von Stilen und Schreibweisen zu beobachten, die sich formal nicht auf ein bestimmtes Prinzip festlegen lassen. Viele Autorinnen und Autoren spielen souverän mit den Mustern der Tradition, ironisieren, brechen oder kombinieren sie, arbeiten mit Zitat und Collage, Lautmalerei und Trivialitäten und gestalten so ihren je eigenen Stil.

Die Liebe im 20. Jahrhundert – Theoretisch

Erich Fromm
Die Kunst des Liebens (1959)

Der Mensch – aller Zeiten und Kulturen – steht der Lösung dieser einen und immer gleichen Frage gegenüber, wie die Getrenntheit überwunden, wie man das eigene individuelle Leben transzendieren und eins werden kann.
Im Gegensatz zu einer symbiotischen Vereinigung ist die reife *Liebe Eins-Sein unter der Bedingung, die eigene Integrität und Unabhängigkeit zu bewahren*, und damit auch die eigene Individualität. *Die Liebe des Menschen ist eine aktive Kraft*, die die Mauern durchbricht, durch die der Mensch von seinen Mitmenschen getrennt ist, und die ihn mit den anderen vereint. Die Liebe lässt ihn das Gefühl von Isolation und Getrenntsein überwinden, erlaubt ihm aber, sich selbst treu zu bleiben und seine Integrität, sein So-Sein zu bewahren. In der Liebe ereignet sich das Paradox, dass zwei Wesen eins werden und doch zwei bleiben.
Wenn es sich wirklich um Liebe handelt, hat die erotische Liebe eine Voraussetzung: dass ich aus dem Wesen meines Seins liebe – und den anderen im Wesen seines Seins erlebe. In ihrem Wesen sind sich alle Menschen gleich. Wir alle sind Teile des Einen; wir sind das Eine. Da es so ist, sollte es eigentlich völlig gleich sein, wen wir lieben. Im Wesentlichen sollte die Liebe ein Akt des Willens sein, eine Entscheidung, mein Leben dem des anderen vollkommen hinzugeben. Und das ist auch die Idee, die hinter der Vorstellung von der Unauflöslichkeit der Ehe wie auch hinter den vielen Formen der traditionellen Ehe steht, bei denen sich Partner nicht selbst wählen, sondern füreinander ausgesucht werden – mit der Erwartung, dass sie sich gegenseitig lieben werden. In der zeitgenössischen Kultur erscheint die Vorstellung als durchaus falsch. Man glaubt, dass die Liebe das Ergebnis einer spontanen, gefühlsmäßigen Reaktion ist, dass der Mensch plötzlich von einem unwiderstehbaren Gefühl ergriffen wird. In dieser Ansicht erkennt man nur die Besonderheiten der beiden beteiligten Individuen – und nicht die Tatsache, dass alle Männer ein Teil Adams und alle Frauen ein Teil Evas sind. Man weigert sich, in der erotischen Liebe einen wichtigen Faktor zu erkennen, nämlich den des Willens. Einen anderen zu lieben, ist nicht nur ein starkes Gefühl – es ist eine Entscheidung, ein Urteil, ein Versprechen.
Wir alle sind eins – und trotzdem ist jeder von uns ein einmaliges und nicht wiederholbares Wesen. Sofern wir alle eins sind, können wir jeden im Sinne der Nächstenliebe gleichermaßen lieben; sofern wir jedoch verschieden sind, erfordert die erotische Liebe bestimmte einmalige und völlig individuelle Elemente. Beide Ansichten – die der erotischen Liebe als einer völlig individuellen Anziehung, einmalig zwischen zwei besonderen Menschen, und die der erotischen Liebe als lediglich einem Akt des Willens – sind daher richtig; oder man sollte vielleicht sagen, die Wahrheit liegt weder in der einen noch in der anderen Auffassung. Deshalb ist die Vorstellung von einer Bindung, die leicht wieder gelöst werden kann, wenn man mit ihr keinen Erfolg hat, genauso irrig wie die Vorstellung, dass diese Verbindung unter keinen Umständen wieder gelöst werden dürfe.

Christopher Lasch
Das Zeitalter des Narzissmus (1979, dt. 1980)

Der *Homo oeconomicus* hat seinen Platz dem *Homo psychologicus* unserer Tage geräumt, dem Endprodukt des bürgerlichen Individualismus. Der neue Narziss wird nicht von Schuldgefühlen gequält, sondern von Ängsten. Er versucht nicht, seine eigenen Gewissheiten anderen aufzudrängen, sondern im Leben Sinn zu finden. Auf oberflächliche Weise entspannt und tolerant, weiß er mit Dogmen ethischer und rassischer Reinheit wenig anzufangen, geht zugleich jedoch der Sicherheit von Gruppenloyalitäten verlustig und fasst jedermann als Rivalen um die Vergünstigungen auf, die ein paternalistischer Staat zu vergeben hat. Seine sexuelle Einstellung ist eher lax als puritanisch, wenn ihm auch die

Befreiung von alten Tabus sexuell keine Ruhe schenkt.

Männer wie Frauen sind nun dahingekommen, dass sie persönliche Beziehungen mit geschärftem Bewusstsein für ihre emotionalen Risiken eingehen. Beide Geschlechter sind entschlossen, die Gefühle anderer zu manipulieren, sich selbst aber gegen emotionale Verletzungen abzusichern, und kultivieren eine seichte Unverbindlichkeit, eine zynische Sachlichkeit, die durchaus nicht immer ihren wirklichen Gefühlen entspricht, aber bald zur Gewöhnung wird und in jedem Fall die persönlichen Beziehungen allein durch ständig wiederholte Demonstration vergiftet. Gleichzeitig erwarten die Leute von menschlichen Beziehungen die Fülle und Intensität einer religiösen Erfahrung. Zwar haben Männer wie Frauen die Anforderungen, die sie aneinander stellen, modifizieren müssen, vor allem was ihre Fähigkeiten betrifft, lebenslänglich sexuelle Treue zu halten, erwarten sie doch in anderer Hinsicht mehr denn je zuvor.

Die meist geübte Flucht vor der Überwältigung durch das Gefühlsleben ist die Promiskuität: der Versuch, Sexualität und Gefühl strikt zu trennen. Auch hier gibt sich Flucht als Befreiung aus, Rückfall als Fortschritt. Die progressive Vorstellung von „unverbindlicher Bindung" und „lässig-entspannter Sexualität" erhebt Ungebundenheit der Gefühle zur Tugend und gibt sich zugleich den Anschein, als kritisiere sie die Entpersönlichung von Sexualität.

Wenn der moderne Mensch sich vor der Gewalt seiner geheimen Wünsche fürchtet, so schrecken ihn die der anderen nicht weniger. Denn die Ansprüche, die er unbedacht an andere stellt, sind ihm unbehaglich: Sie könnten nämlich die anderen dazu verleiten, ebenfalls Ansprüche an ihn zu stellen. Männer vor allem fürchten die Ansprüche von Frauen, nicht nur, weil die Frauen nicht mehr zögern, sie frank und frei zu äußern, sondern weil Männer sich keine Begierde vorstellen können, die das Objekt des Verlangens nicht ganz und gar in Besitz nehmen will.

Interview mit Volkmar Sigusch über die Love Parade (2000)

Spiegel: Herr Professor Sigusch, ist die Love Parade so eine Art Siegesfeier der sexuellen Revolution?

Professor Sigusch: Beinahe hätte ich gesagt „leider nicht". Aber ich bin nicht sicher, ob ich das tatsächlich bedaure. Das Ziel der sexuellen Revolution war die Befreiung der Sexualität. Wenn das Sexuelle aber als solches zu sich käme, gäbe es Mord und Totschlag – der Sexualtrieb will nur Befriedigung, das heißt Kopulation. Der Trieb ist selbstsüchtig und will den Anderen verschlingen. Insofern muss das Sexuelle in irgendeiner Form diszipliniert werden. Die Love Parade ist also keine Siegesfeier der sexuellen Befreiung, sondern ihrer Disziplinierung.

Hundertausende halb nackter Menschen tanzen lasziv und liegen sich in den Armen. Das bezeichnen Sie als diszipliniert?

Ja. Wenn die Menschen auf der Love Parade sich derart öffentlich inszenieren und darstellen, hat das in erster Linie einen selbstbezüglichen Charakter. Es soll die Person selbst befriedigen. Nicht Liebe oder gar Sex zwischen den Menschen steht im Vordergrund, sondern Selbstliebe. Ich spreche da von Self-Sex.

Arbeitsanregungen

1. Versuchen Sie, die Grundgedanken der Textauszüge von Fromm und Lasch mit eigenen Worten wiederzugeben. Welche Aspekte von Liebe werden thematisiert? Was sagen diese Texte aus über das Verhältnis von Liebe und Gesellschaft?
2. Führen Sie eine Podiumsdiskussion durch zum Thema: „Unter Liebe hat man zu allen Zeiten (nicht) das Gleiche verstanden."
   Bilden Sie dazu Gruppen, wählen Sie eine Position, sammeln Sie Argumente, verwenden Sie auch die in den anderen theoretischen Texten des Themenheftes (S. 18, S. 51) zur Verfügung gestellten Informationen.
3. Schreiben Sie einen Essay darüber, welche Konsequenzen diese Überlegungen für die Liebeslyrik haben.

„Fragile"– Liebe im letzten Viertel des 20. Jahrhunderts aus weiblicher Sicht

*Karin Kiwus (*1942)*
Fragile (1979)

Wenn ich jetzt sage
ich liebe dich
übergebe ich nur
vorsichtig das Geschenk
5 zu einem Fest das wir beide
noch nie gefeiert haben

Und wenn du gleich
wieder allein
deinen Geburtstag
10 vor Augen hast
und dieses Päckchen
ungeduldig an dich reißt
dann nimmst du schon
die scheppernden Scherben darin
15 gar nicht mehr wahr

*Ulla Hahn (*1946)*
Mit Haut und Haar (1981)

Ich zog dich aus der Senke deiner Jahre
und tauchte dich in meinen Sommer ein
ich leckte dir die Hand und Haut und Haare
und schwor dir ewig mein und dein zu sein.

5 Du wendetest mich um. Du branntest mir dein Zeichen
mit sanftem Feuer in das dünne Fell.
Da ließ ich von mir ab. Und schnell
begann ich vor mir selbst zurückzuweichen

und meinem Schwur. Anfangs blieb noch Erinnern
10 ein schöner Überrest der nach mir rief.
Da aber war ich schon in deinem Innern
vor mir verborgen. Du verbargst mich tief.

Bis ich ganz in dir aufgegangen war:
da spucktest du mich aus mit Haut und Haar.

*Ursula Krechel (*1947)*
Nachtrag (1977)

In den alten Büchern
sind die Liebenden vor Liebe
oft wahnsinnig geworden.
Ihr Haar wurde grau
5 ihr Kopf leer
ihre Haut fahl
vor Liebe, lese ich.

Aber nie ist jemand
wahnsinnig geworden
10 aus Mangel an Liebe
die er nicht empfand.
Auch das steht
in den alten Büchern.

So hätte denn der Mangel
15 einmal sein Gutes.

Ulla Hahn (1946)
Bildlich gesprochen (1981)

Wär ich ein Baum ich wüchse
dir in die hohle Hand
und wärst du das Meer ich baute
dir weiße Burgen aus Sand.

5 Wärst du eine Blume ich grübe
dich mit allen Wurzeln aus
wär ich ein Feuer ich legte
in sanfte Asche dein Haus.

Wär ich eine Nixe ich saugte
10 dich auf den Grund hinab
und wärst du ein Stern ich knallte
dich vom Himmel ab.

Brigitte Oleschinski (1955)*
Ohne Titel (1994)

Wie das trudelnde, trudelnde Linden-,
blatt mitten im zärtlichsten Blutbad, berührt
deine Hand mich, viel zu blond

flammt

5 aus der Schulter jetzt
dieser steile

Achilles-
flügel

*Silke Scheuermann (*1973)*
Requiem für einen gerade erst eroberten Planeten mit intensiver Strahlung (2001)

Aber was kommt wenn wir uns alle Geschichten erzählt
haben zehntausend heiße Geschichten

das Lexikon unserer Luftschlösser durchbuchstabiert
ist und wir unseren Stern durchgesessen haben wie das Sofa

5 auf dem wir uns sehr genau kennenlernten
wenn wir dann stumm am Fenster sitzen und rauchen

Nächte von fast vollkommener Stille
in denen nur deine letzten Sätze nachhallen

Sie sprachen davon dass wir
10 beide eigentlich Himmelskörper sind

die eine so große Anziehungskraft haben
dass sie nicht einmal ihr eigenes Licht fortlassen

also nicht leuchten sondern schwarz sind
an ihrer Zunge verbrannte Erzähler

Arbeitsanregungen

Wählen Sie ein Gedicht aus.
1. Benennen Sie das Thema Ihres Gedichts.
2. Stellen Sie fest, welche Haltung zu Beziehungen und zu Männern in diesem Gedicht formuliert wird. Belegen Sie Ihre Position.
3. Untersuchen Sie die Sprache und die verwendeten Gestaltungsprinzipien.

Musterinterpretation (Hauptteil)

*Sarah Kirsch (*1935)*
Die Luft riecht schon nach Schnee (1976)

Die Luft riecht schon nach Schnee, mein Geliebter
Trägt langes Haar, ach der Winter, der Winter der uns
Eng zusammenwirft steht vor der Tür, kommt
Mit dem Windhundgespann. Eisblumen
Streut er ans Fenster, die Kohlen glühen im Herd, und
Du Schönster Schneeweißer legst mir deinen Kopf in den Schoß
Ich sage das ist
Der Schlitten der nicht mehr hält, Schnee fällt uns
Mitten ins Herz, er glüht
Auf den Aschekübeln im Hof Darling flüstert die Amsel

Annotations:
- Enjambement
- Gemination/Personifikation des Winters
- Ambivalenz (Nähe <-> Gewalt)
- Ambivalenz (Wärme <-> Verbrennen)
- kein Enjambement!
- Enjambement oder nicht? verschiedene Deutungsmöglichkeiten
- längster Vers / kürzester Vers
- Märchenassoziationen
- Amerikanismus
- Personifikation der Amsel

An der Oberfläche scheint der Kontrast zwischen dem kalten, unfreundlichen Winterwetter mit Wind („Windhundegespann", V. 4), Schnee und Eisblumen und dem warmen Raum, in dem die Liebenden sich befinden, eindeutig. Die Liebenden haben einen Schutzwall gegen die Kälte, die ihnen nichts anhaben kann.

Diese Gegenüberstellung wird allerdings an vielen Stellen aufgebrochen. Schon in den ersten beiden Versen werden nahender Winter und Geliebter durch den Parallelismus des Satzbaus eng verschränkt. Glaubt man am Ende des ersten Verses noch, der Geliebte werde direkt angesprochen, so zeigt sich durch das Erfassen des Enjambements, dass das lyrische Ich in einem Moment offenbar zwei Dinge wahrnimmt, den nahenden Schnee und die Haare des Geliebten. Der mit dem Seufzer „ach" (V. 2), einer Gemination, begrüßte Winter wird personifiziert. Einer Märchengestalt gleich kommt er mit einem Windhundgespann. Es ist die „Luft", die „Windhunde", die den Winter ahnen lassen. Er „wirft" das Paar eng zusammen, ein Akt, der in sich schon ambivalent ist durch die Andeutung des Gewalttätigen.

Diesen Bildern von Kälte und Unwirtlichkeit wird das der glühenden Kohlen im Herd gegenübergestellt. Auch das Glühen ist ambivalent, droht doch Verbrennen. Nun, ziemlich genau in der Mitte des Gedichts, wird der Geliebte als „Schönster Schneeweißer" angesprochen. Wie der Winter wird er zur Märchenfigur (vgl. Schneeweißchen) stilisiert. Dies macht ihn zu einem Teil des Winters; es scheint zu kommen, was der Natur des Geliebten völlig entspricht. Er legt seinen Kopf in den Schoß des lyrischen Ichs, verhält sich passiv, scheint Nähe und Wärme zu suchen. Gleichzeitig handelt es sich um eine Geste des Gebens, des Vertrauens, hervorgerufen durch das Dativobjekt („legst *mir* deinen Kopf...", V. 6). Diesem Verhalten setzt das lyrische Ich durch das betonte „Ich sage" im kürzesten Vers des Gedichts eine selbstbewusste Haltung entgegen, die umso auffälliger ist, als dieser Vers (V. 7) der einzige ist, der nicht durch ein Enjambement mit dem vorigen verbunden ist. Ihm scheint der nahende Winter bedrohlich, weil unaufhaltbar. Auch dieses „hält" ist doppeldeutig, meint es, dass der Schlitten nicht anhalten kann, meint es, dass er zerbrechen wird? Durch den Binnenreim „fällt" wird die zweite Bedeutung stärker. Auch dieser Vers (V. 8) endet mit einem Enjambement. Der Leser kann assoziieren, wohin der Schnee fallen könnte, und wird überrascht durch das Bild „mitten ins Herz".

In den letzten eineinhalb Versen werden nun die angelegten Bilder verschränkt und komplex aufeinander bezogen. Der Schnee fällt „ins Herz, er glüht", was den Leser hoffen lässt, dass die Wärme des Herzens stärker sein möge als der Schnee. Auch hier enttäuscht ein Enjambement die Lesererwartung: Der Schnee glüht „auf den Aschekübeln im Hof" (V. 10) – möglicherweise mehr als im Herzen. Ist im Herzen schon Asche, die nicht mehr glüht? Ist das Herz kalt geworden, ein Aschekübel? Oder besteht zwischen Vers 9 und 10 kein Enjambement, dann wäre Vers 10 ein in sich abgeschlossener Aussagesatz, der von einer Amsel spricht, die gegen den drohenden Winter allerdings nur sehr zaghaft („flüstert", V. 10) ansingt. Dieses Zaghafte steht im Kontrast zum anglo-amerikanischen „Darling". Das Schlusstableau entwirft durch die banalen Aschekübel (Alltag), den sprechenden Vogel (Märchen) und den Amerikanismus (triviales Klischee) ein komplexes mehrdeutiges Bild: Liebt das lyrische Ich auch gegen die Widerstände von außen (Winter, Kälte, Gefühllosigkeit) und von innen („Schöner Schneeweißer"), wird diese Liebe durch den Gesang der Amsel gleich wieder ironisiert oder glüht nur noch der Herd, aber nicht mehr das Herz?

„Dass Lieben einsamer macht" – Aus männlicher Sicht

*Michael Krüger (*1943)*
Liebesgedicht 3 (1978)

Wir sehen uns
das Treppenhaus hinuntergehn,
du zählst die graden,
ich die andern Stufen.
5 Nach Wachs riecht's hier,
leicht geht es sich nach unten,
der Tee wird schal,
die Öfen kühlen aus.
Die Leere hier zieht an,
10 das Licht verlöscht
mit einem dumpfen Plop,
geht wieder an:
Die letzte Schicht der Fremdheit
ist wie weggeblasen,
15 die Spur des Denkens führt
geradenwegs ins Herz.

Im Freien wächst
der Seele ein Gefieder;
und aus der Traum,
20 der Kopf, er hat uns wieder.

Rolf Dieter Brinkmann (1940–1975)
Immer mehr Worte (vor 1970)

Immer mehr
Worte wachsen über
Nacht der schwarzen Farbe
zu, die ihr Meer
5 zwischen uns
treibt, darin
wir nicht
ablassen
von der entsetzlichen
10 Mühsal zu lieben

wenn ich
Matrose wär
oder ein Hund mit
einem Anker tätowiert
15 auf der Stirn, ich
würd hoch auf
dem Meer nach
deinem Mund
suchen

20 dann
müsste die Sprache leicht
sein wie der Tod
und so schnell: es
gibt zu vieles
25 was ich nicht
sagen kann.

*Hans-Ulrich Treichel (*1952)*
Novemberliebe (1986)

Bloß raus hier
aus dem eigenen Bett.
Kann keine Geschichten erzählen
und will keine hören. Nicht mal
5 einen männlichen Seufzer
widme ich dir.
Dabei hast du
eine wirklich weiche Haut
und so viel Lust auf
10 ein falsches
Gefühl.

*Hans-Ulrich Treichel (*1952)*
Mit der ich Mozarella aß (1986)

Mit der ich Mozarella aß
Ihr Federbett war grün wie Gras
Die in der großen Stadt verschwand
Die Schuhe trug sie in der Hand
5 Der Mond fiel in den grauen Fluss
An die ich immer denken muss

Thomas Kling (1957–2005)
aber annette (1994)

aber deine härchen!dein blonz haar! aller
hand zerstückelt jetzt; deine schultern
machst du breit bei flackerndem atem aber
woanders (leck mich!); dein nacken aber
5 das stück mit den aufgestellten herrchen
wenn ich anderswo oder wer anders: ging
aber ganz schön schnell, unser ausgleiten
auseinandergleiten in nennenswerte entfernung!
entglitten die nicknames für herzen! und
10 das fällt ins gewicht; und schon wieder
sind zwei um eine tote sprache reicher
(verlernt), ein kaputtes pidgin mehr   [R]

*SAID (*1947)*
Ohne Titel[1] (1998)

Verrate nicht,
Geliebte,
die Stelle hinter deinem Ohr,
die ich nur zu berühren brauchte.

*SAID (*1947)*
Ohne Titel[1] (1998)

Und der Gemüsehändler,
Geliebte,
was sage ich ihm,
wenn er nach dir fragt?

[1] Diese beiden kurzen Gedichte sind SAIDs Gedichtband „Sei Nacht zu mir" entnommen, in dem einzelne Momente einer Liebesbeziehung bis zu deren Ende erfasst werden.

*Durs Grünbein (*1962)*
Ohne Titel (1994)

Wussten wir, was den Reigen in Gang hält?
    Dass Lieben einsamer macht,
Schien erwiesen. Jeder behielt ihn für sich,
    Seinen Dorn, bis zur Unzeit
5 Das Blut die Verbände durchschlug. Selten
    Blieb jemand unverletzt. Eher kroch
Ein Schmerz beim andern unter. Verlassen
    Zu sein war das größte Übel,
Nichts zu fühlen im Frühling, wie amputiert
10   Vor defekten Riesenrädern ...
Wie uns der Wind in die Baumkronen hob,
    Aus denen wir fallen sollten,
Glücklich, mit einem langen Himmelsschrei.

Arbeitsanregungen

1. Wählen Sie ein Lieblingsgedicht und begründen Sie Ihre Wahl.
2. Oft nehmen die Gedichte ihren Ausgang von Alltagsbeobachtungen. Untersuchen Sie deren Funktion.
3. Welchen Vorstellungen von Liebe begegnen Sie hier?
4. Vergleichen Sie die Gedichte der männlichen Autoren mit denen der Autorinnen im letzten Teilkapitel (S. 69 f.). Suchen Sie Ähnlichkeiten und Unterschiede.
5. Schreiben Sie selbst ein Liebesgedicht, bei dem Sie von einer Alltagssituation ausgehen. Versuchen Sie es nur für sich. Sie müssen Ihren Text niemandem zeigen.

4 Gedichte im thematischen Vergleich

4.1 „So ist die Lieb!" – An die Liebe und über die Liebe

Arbeitsanregung

Anhand der folgenden Texte aus verschiedenen Epochen können Sie unterschiedliche Vorstellungen von Liebe erarbeiten. Dafür besonders geeignet wäre ein Gruppenpuzzle. Bilden Sie dazu Gruppen mit ca. fünf Personen und teilen Sie die Gedichte untereinander auf. Bilden Sie nun Expertengruppen zu den einzelnen Gedichten. Erarbeiten Sie in den Expertengruppen vor allem den Liebesbegriff, der hinter dem jeweiligen Gedicht steht, indem Sie z. B. eine Definition formulieren. Gehen Sie anschließend in Ihre Stammgruppe zurück und stellen Sie sich gegenseitig Ihre Ergebnisse vor. Untersuchen Sie im Anschluss in Ihrer Stammgruppe, ob sich die Vorstellungen von Liebe im Lauf der Jahrhunderte geändert haben.

Gotthold Ephraim Lessing
Die Liebe (1751)

Ohne Liebe
Lebe, wer da kann.
Wenn er auch ein Mensch schon bliebe,
Bleibt er doch kein Mann.

5 Süße Liebe,
Mach' mein Leben süß!
Stille nie die regen Triebe
Sonder Hindernis.

Lassen schmachten
10 Sei der Schönen Pflicht!
Nur uns ewig lassen schmachten,
Dieses sei sie nicht.

Johann Wolfgang Goethe
Lesebuch (1816)

Wunderlichstes Buch der Bücher
Ist das Buch der Liebe;
Aufmerksam hab' ich's gelesen:
Wenig Blätter Freuden,
5 Ganze Hefte Leiden;
Einen Abschnitt macht die Trennung.
Wiedersehn – ein klein Kapitel,
Fragmentarisch! Bände Kummers,
Mit Erklärungen verlängert,
10 Endlos, ohne Maß.
O Nisami![1] – doch am Ende
Hast den rechten Weg gefunden;
Unauflösliches, wer löst es?
Liebende sich wieder findend.

Eduard Mörike
Nimmersatte Liebe (1827)

So ist die Lieb! So ist die Lieb!
Mit Küssen nicht zu stillen:
Wer ist der Tor und will ein Sieb
Mit eitel Wasser füllen?
5 Und schöpfst du an die tausend Jahr,
Und küssest ewig, ewig gar,
Du tust ihr nie zu Willen.

Die Lieb, die Lieb hat alle Stund
Neu wunderlich Gelüsten;
10 Wir bissen uns die Lippen wund,
Da wir uns heute küssten.
Das Mädchen hielt in guter Ruh,
Wies Lämmlein unterm Messer;
Ihr Auge bat: nur immer zu,
15 Je weher, desto besser!

So ist die Lieb, und war auch so,
Wie lang es Liebe gibt,
Und anders war Herr Salomo,
Der Weise, nicht verliebt.

---

[1] Goethe verwechselt hier den türkischen Dichter Nischami, dem er das Gedicht nachdichtet, mit dem persischen Dichter Nisami, der für seine Liebesgedichte berühmt ist.

Nelly Sachs (1891–1976)
Ohne Titel (1961)

Linie wie
lebendiges Haar
gezogen
todnachtgedunkelt
5 von dir
zu mir.

Gegängelt
außerhalb
bin ich hinübergeneigt
10 durstend
das Ende der Fernen zu küssen.

Der Abend
wirft das Sprungbrett
der Nacht über das Rot
15 verlängert deine Landzunge
und ich setze meinen Fuß zagend
auf die zitternde Saite
des schon begonnenen Todes.

Aber so ist die Liebe –

Erich Fried (1921–1988)
Was es ist (1983)

Es ist Unsinn
sagt die Vernunft
Es ist was es ist
sagt die Liebe

5 Es ist Unglück
sagt die Berechnung
Es ist nichts als Schmerz
sagt die Angst
Es ist aussichtslos
10 sagt die Einsicht
Es ist was es ist
sagt die Liebe

Es ist lächerlich
sagt der Stolz
15 Es ist leichtsinnig
sagt die Vorsicht
Es ist unmöglich
sagt die Erfahrung
Es ist was es ist
20 sagt die Liebe

*Peter Maiwald (*1946)*
Über die Liebe (1992)

Wer liebt macht lachhaft sich und blind zum Narrn.
Er sieht nicht (sagst du) sondern: Dass er glotzt.
Er weint nicht (sagst du) sondern, geht sie, rotzt.
Er fährt nicht, sondern zieht in Dreck den Karrn
5 worauf sich seine Liebe lachend flezt.
Der Undank ist zu Recht der Liebe Lohn.
Man mache besser sich bei Zeit davon
Bevor der Jammer Tisch und Bett besetzt
und aus den Tränen seinen Honig saugt.
10 Die Rechnung, ruft die himmlische Geduld.
Aus jeder Unschuld wird am Ende Schuld.
Nichts an der Liebe ist, was lange taugt.
Nun auf zum nächsten Bett und unbeschwert.
Wir lieben sie, dass sie uns Bessres lehrt.

*Jürgen Brodwolf (*1932): Paar in nächtlicher Landschaft (1963/89)*

4.2 „Glückes genug" – Liebesglück

Johann Wolfgang Goethe
Hatem (1815)

Nicht Gelegenheit macht Diebe,
Sie ist selbst der größte Dieb;
Denn sie stahl den Rest der Liebe,
Die mir noch im Herzen blieb.

5 Dir hat sie ihn übergeben,
Meines Lebens Vollgewinn,
Dass ich nun, verarmt, mein Leben
Nur von dir gewärtig bin.

Doch ich fühle schon Erbarmen
10 Im Karfunkel deines Blicks
Und erfreu' in deinen Armen
Mich erneuerten Geschicks.

Joseph von Eichendorff
Frühlingsnacht (1837)

Über'n Garten durch die Lüfte
Hört' ich Wandervögel zieh'n,
Das bedeutet Frühlingsdüfte,
Unten fängt's schon an zu blüh'n.

5 Jauchzen möcht' ich, möchte weinen,
Ist mir's doch, als könnt's nicht sein!
Alte Wunder wieder scheinen
Mit dem Mondesglanz herein.

Und der Mond, die Sterne sagen's,
10 Und in Träumen rauscht's der Hain,
Und die Nachtigallen schlagen's:
Sie ist Deine, sie ist Dein!

Novalis
Ihr Herz und Kuß (um 1790)

Mir wirds so weit im Busen drinn,
So offen, hehr und frey
Nie wars so hell in meinem Sinn
Und meiner Fantasey;

5 Mir glüht die Wange und die Stirn
Mir schmückt der Himmel sich
Und süßer dünkt der Weste Girrn
In jenen Eichen mich;

Um mich tanzt Blumentrift und Flur
10 Und jedes Hälmchen lacht,
Und seliger blüht die Natur
Mir in der FrühlingsTracht.

Der Mond, der dort voll Freundlichkeit
Sich sonnt, so hell und klar,
15 Ist mir noch eins so lieber heut
Als er mir sonst wol war.

Ha! wie sich schnell mein RosenBlut
Durch alle Adern rafft;
Wie jede Fiber schwellt von Muth
20 Und niegefühlter Kraft.

Doch weißt du, Freund, woher, woher?
Der Wonne Ueberfluß
Sie gab mir heut von ohngefähr
Ihr Herz und einen Kuß.

Detlev von Liliencron (1844–1909)
Glückes genug

Wenn sanft du mir im Arme schliefst,
Ich deinen Atem hören konnte,
Im Traum du meinen Namen riefst,
Um deinen Mund ein Lächeln sonnte –
5   Glückes genug.

Und wenn nach heißem, ernstem Tag
Du mir verscheuchtest schwere Sorgen,
Wenn ich an deinem Herzen lag
Und nicht mehr dachte an ein Morgen –
10   Glückes genug.

Arbeitsanregungen

1. Drücken Sie die Wirkung, die die Gedichte auf Sie haben, aus, indem Sie eine Farbe und eine Form wählen, die das Gedicht in Ihnen entstehen lässt.
2. Was genau ist das „Glück", das jeweils in den Gedichten beschrieben wird?
3. Stellen Sie fest, wie Form und Inhalt korrespondieren.

Max Dauthendey
Und die Welt ward mein eigen (1905)

Deine Augen verschweigen nichts mehr,
Und die Welt ward mein eigen.
Mit roter Geigen Genuss spielen die Tage uns auf,
Die vielen Lieder sind Blumen vor unserm Fuß.
5 Die Liebe steht wie ein singender Vogel
Über deinem und meinem Haupt;
Sie hat die Erde mit Trauben besteckt
Und die Masten meiner Schiffe wie frohe Bäume belaubt.
Du hast dein Herz in meinen Garten gelegt,
10 Und mein Garten wird von deinem Herzblut gepflegt.

Christian Morgenstern
Ohne Titel (1902)

Du bist mein Land,
ich deine Flut,
die sehnend dich ummeeret;
Du bist der Strand,
5 dazu mein Blut
ohn' Ende wiederkehret.

An Dich geschmiegt,
mein Spiegel wiegt
das Licht der tausend Sterne;
10 und leise rollt
dein Muschelgold
in meine Meergrundferne.

Ernst Stadler
Glück (1912)

Nun sind vor meines Glückes Stimme alle Sehnsuchtsvögel weggeflogen.
Ich schaue still den Wolken zu, die über meinem Fenster in die Bläue jagen –
Sie locken nicht mehr, mich zu fernen Küsten fortzutragen,
Wie einst, da Sterne, Wind und Sonne wehrlos mich ins Weite zogen.
5 In deine Liebe bin ich wie in einen Mantel eingeschlagen.
Ich fühle deines Herzens Schlag, der über meinem Herzen zuckt.
Ich steige selig in die Kammer meines Glückes nieder,
Ganz tief in mir, so wie ein Vogel, der ins flaumige Gefieder
Zu sommerdunklem Traum das Köpfchen niederduckt.

Else Lasker-Schüler
Siehst du mich (1909)

Zwischen Erde und Himmel?
Nie ging einer über meinen Pfad.

Aber dein Antlitz wärmt meine Welt,
Von dir geht alles Blühen aus.

5 Wenn du mich ansiehst,
Wird mein Herz süß.

Ich liege unter deinem Lächeln
Und lerne Tag und Nacht bereiten.

Dich hinzaubern und vergehen lassen,
10 Immer spiele ich das eine Spiel.

Arbeitsanregungen

1. Stellen Sie fest, welche Bilder in den Gedichten auf dieser Seite als Ausdruck für Liebesglück benutzt werden.
2. Diese Bilder repräsentieren die jeweilige Vorstellung von Liebesglück. Formulieren Sie diese jeweils mit eigenen Worten.

*Kurt Drawert (*1956)*
Wie es ist (1989)

Die vielen Gründe, die es gibt,
dich nicht zu lieben, sind der Grund,
es zu tun, und das macht mir
das Leben nicht leichter,
5 in das du eindringst in Momenten,

in denen ich zu wenig empfinde,
und das du verlässt, ehe ich wirklich
fertig bin mit einem Gefühl,
obwohl ich nie damit fertig sein kann,
10 wenn es erst einmal gründlich

deinen Körper erreicht hat
und dir jenen Hochmut gestattet,
mit dem du ganz plötzlich aufstehst,
dich anziehst und gehst,
15 wie es dir so gefällt,

mir die Vorstellung davon zu geben,
was du anfangen könntest,
wenn du abwesend bist, als wäre
dies innere Bild schon der Kummer,
20 den dir mein Erscheinen bereitet

mit all seinen Lügen und Liederlichkeiten,
die so grauenvoll schön sind
wie die Fallen, die du dir sorgfältig
ausdenkst für mich und durch die ich
25 dein ewig erniedrigter Bauer

zu bleiben bereit bin, niederfallend
vor deinen Szenen, die du mir
vor anderen machst, wie mir noch niemand
Szenen gemacht hat,
30 um kurz darauf umzukehren,

und zu mir zu kommen,
um mich zu berühren,
wie mich noch niemand berührt hat,
weshalb ich nicht
35 ohne dich sein kann,

wie ich es mit dir nicht lange
ertrage, und so gehen wir beide
aneinander entzwei, wie wir entzwei
voneinander zugrund gehen,
40 was meine Trauer begründet,

die ohne dich sprachlos sein würde
und ein zu schneller, sinnloser Tod
wär inmitten des Lebens mit dir
als Objekt und Verlangen ....
45 .... der Träume.

*Dagmar Nick (*1926)*
Früher (1996)

Früher liebten wir uns
über dem Abgrund, wo anderntags
der Orientexpress von der Brücke
sprengte; die Wüsten Arabiens
5 durchrasten wir ohne Kompass und
kamen doch auf den erkorenen
Gipfel, betraten die Arche,
die keine Planken mehr hatte,
und kreuzten damit übers Meer;
10 bei der Ankunft im Hafen
der Albatrosse steckte der Frühling
uns an, und wir phosphoreszierten
mit den Hinterleibern der Leuchtkäfer
um die Wette; eine einzige
15 steingemeißelte Quetzalfeder[1]
genügte uns, abzuheben
von dieser Welt. Früher
liebten wir uns.

[1] **Quetzalfeder:** Schmuckfeder eines mittelamerikanischen Vogels

Arbeitsanregungen

1. Stellen Sie fest, wer in diesen Gedichten zu wem spricht. Gibt es ein Gegenüber?
2. Entscheiden Sie, ob eines der beiden oder beide Gedichte von erfüllter Liebe sprechen. Begründen Sie Ihre Entscheidung.
3. Beide Gedichte bestehen (ganz oder weitgehend) aus nur einem Satz. Welche Wirkung wird damit erzielt? Ist es dieselbe?

4.3 „Mehr als Gedichte wiegt" – Die reife Liebe

> Unreife Liebe sagt: „Ich liebe dich, weil ich dich brauche."
> Reife Liebe sagt: „Ich brauche dich, weil ich dich liebe."
>
> *Erich Fromm, „Die Kunst des Liebens"*

Günter Kunert (*1929)
Widmung für M. (1970)

Mehr als Gedichte wiegt, wie wir zusammen
                                        leben,
vereint in einem Dasein Tag und Nacht:
so brennt ein Licht, von Schatten rings umgeben,
die es doch heller durch sein Leuchten macht.

5 Wohl sind wir Tiere, die sich selbst dressieren,
kurzfristiger Bestand aus Fleisch und Bein,
und doch: das eine Leben, das wir beide führen,
für tausend reichte es zum Glücklichsein.

Emil Nolde (1867–1956):
Im Zitronengarten (1933)

Ernst Jandl (1925–2000)
paar, über 50 (1978)

dass nur noch eines von beiden eine weitere lebensphase wird haben müssen und sie noch lange nicht kommen und kurz sein möge

Christoph Meckel (*1935)
Ohne Titel (1979)

Alles wie immer: das Frühstück, der Blick in die Bäume der Terminkalender, der Wintertag, die Gespräche aber dein Lachen hell, deine Stimme sorglos wie selten sodass ich fürchte: das könnte schnell vorbei sein grundlos, nicht abwendbar mit einem Blick in die Zeitung der Erwähnung eines Namens dem plötzlichen Anblick der Zukunft

---

Arbeitsanregungen

1. Erläutern und erörtern Sie den Satz des Psychologen Erich Fromm (vgl. auch den Text auf S. 67).
2. Beziehen Sie ihn auf die Texte dieses Kapitels. Finden Sie Entsprechungen in den Gedichten?
3. Bilden Sie aus den Zeilen der Texte von Ernst Jandl und Christoph Meckel Verse; vergleichen Sie dann mit dem Original (S. 94).
4. Wählen Sie eines der Gedichte aus und machen Sie sich Notizen dazu. Suchen Sie dann dazu einen geeigneten Vergleichstext aus einer anderen Epoche.
5. Was zeichnet die Liebe in den Gedichten aus?
6. Beschreiben Sie Noldes Gemälde „Im Zitronengarten" von 1933 möglichst genau. Stellen Sie interpretatorische Vermutungen dazu an.
7. Verfassen Sie zu dem Gemälde ein Gedicht, das sich in die Reihe der Texte auf dieser Seite fügt.

Erich Fried
Eine Kleinigkeit

für Catherine

Ich weiß nicht was Liebe ist
aber vielleicht
ist es etwas wie das:

Wenn sie
5 nach Hause kommt aus dem Ausland
und stolz zu mir sagt: „Ich habe
eine Wasserratte gesehen"
und ich erinnere mich an diese Worte
wenn ich aufwache in der Nacht
10 und am nächsten Tag bei der Arbeit
und ich sehne mich danach
sie dieselben Worte
noch einmal sagen zu hören
und auch danach
15 dass sie nochmals genau so aussehen soll
wie sie aussah
als sie sie sagte –

Ich denke, das ist vielleicht Liebe
oder doch etwas hinreichend Ähnliches

Heinz Kahlau
Zuneigung

Ich kann dich
riechen,
schmecken,
hören,
5 fühlen,
ansehn.

Ich mag dich
munter,
müde,
10 aufgeregt
und still.

Auch was mir nicht
an dir
gefällt,
15 kann ich
verstehen.

Weshalb ich gerne
bei dir
mit dir
20 älter werden
will.

Heinrich Heine
Ohne Titel (1850)

Es geht am End, es ist kein Zweifel,
Der Liebe Glut, sie geht zum Teufel.
Sind wir einmal von ihr befreit,
Beginnt für uns die bessre Zeit,
5 Das Glück der kühlen Häuslichkeit.
Der Mensch genießet dann die Welt,
Die immer lacht fürs liebe Geld.
Er speist vergnügt sein Leibgericht,
Und in den Nächten wälzt er nicht
10 Schlaflos sein Haupt, er ruhet warm
In seiner treuen Gattin Arm.

Reiner Kunze
Liebesgedicht nach dem Start oder mit dir im selben Flugzeug (1981)

Sieh den schatten auf der erde den winzigen schatten
der mit uns fliegt

So bleibt die größte unserer ängste
unter uns zurück

5 Nie ist die wahrscheinlichkeit geringer daß der eine
viel früher als der andere stirbt

Arbeitsanregungen

1. Was ist Liebe? – Verfassen Sie in einem kurzen zusammenhängenden Text die Antwort, die jeder der drei Texte auf diese konkrete Frage gibt.
2. Worin gleichen sich die Texte von Fried und Kahlau, worin unterscheidet sich Heines Gedicht von den andern?
3. Stellen Sie Bezüge her zu den Gedichten auf S. 79: Bewerten Sie, welche Gedichte sich zu einem Vergleich eignen würden, und begründen Sie Ihre Ansicht. Welche Kriterien würden Sie an eine Textauswahl für einen Gedichtvergleich stellen?

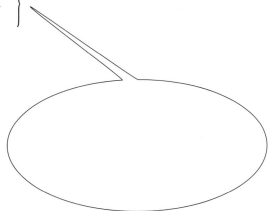

Jochen Missfeldt
Chronik des heutigen Tages (1978)

Der Tag begann schon warm
zum Draußenfrühstücken stand das Geschirr
auf rotem Wachstuch

Weil eins der Kinder sagte
5 *Ich mag keine Milch* schlugen wir
beide mit der Faust auf den Tisch

Anschließend versuchten wir ein Gespräch
gläsern war der Himmel Gräser bebten
aber wir stachen böse mit Worten ineinander

10 Dann nahmen wir sprachlos das Mittagessen ein
zum Sonnenbaden trennten wir uns
die zwei Großen entließen wir ins Schwimmbad

Ich fühlte die Asche vom gestrigen Grill
besah Zeitungen und fasste viele Bücher an
15 die Sonnenbrille schob ich auf die Stirn

Unsere Jüngste schickte ich
mit einem weißen Taschentuch zu dir
und endlich schrieb ich alles auf.

Arbeitsanregungen
1. Interpolieren Sie auf einer Folie oder einem separaten Blatt die Gedanken des lyrischen Ichs an der gekennzeichneten Stelle.
2. Schreiben Sie einen Paralleltext zum Gedicht Missfeldts, und zwar aus der Sicht der Frau.
3. Wird die Ehe in dem Gedicht überwiegend positiv oder negativ gesehen? – Suchen Sie für beide Positionen Belege. Gibt es Aspekte, die Sie völlig unterschiedlich bewerten können?
4. Welche Rolle spielen die Kinder im Verhältnis der Ehepartner?

4.4 „Wie meine Träume nach dir schrein" – Sehnsucht in der Trennung

Paul Fleming
Auf ihr Abwesen (Mai 1639)

Ich irrte hin und her und suchte mich in mir,
und wuste dieses nicht, daß ich ganz war in dir.
Ach! tu dich mir doch auf, du Wohnhaus meiner Seelen!
Komm, Schöne, gieb mich mir, benim mir dieses Quälen!
5 Schau, wie er sich betrübt, mein Geist, der in dir lebt!
Tötst du den, der dich liebt? Itzt hat er ausgelebt.
Doch gieb mich nicht aus dir! Ich mag nicht in mich kehren.
Kein Tod hat Macht an mir, du kanst mich leben lehren.
Ich sei auch, wo ich sei, bin ich, Schatz, nicht bei dir,
10 so bin ich nimmermehr selbest in und bei mir.

Johann Wolfgang Goethe
Ohne Titel (8.8.1776)

Ach, wie bist du mir,
Wie bin ich dir geblieben!
Nein, an der Wahrheit
Verzweifl' ich nicht mehr.
5 Ach, wenn du da bist,
Fühl', ich, ich soll dich nicht lieben,
Ach, wenn du fern bist,
Fühl', ich, ich lieb' dich so sehr.

Franz Werfel
Der Mensch ist stumm (1927)

Ich habe dir den Abschiedskuss gegeben
Und klammre mich nervös an deine Hand.
Schon mahn ich dich, auf dies und jenes Acht zu geben.
    Der Mensch ist stumm.

Will denn der Zug, der Zug nicht endlich pfeifen? 5
Mir ist, als dürfte ich dich nie mehr wiedersehn.
Ich rede runde Sätze, ohne zu begreifen ...
    Der Mensch ist stumm.

Ich weiß, wenn ich dich nicht mehr hätte,
Das wär der Tod, der Tod, der Tod! 10
Und dennoch möcht ich fliehn. Gott, eine Zigarette!
    Der Mensch ist stumm.

Dahin! Jetzt auf der Straße würgt mich Weinen.
Verwundert blicke ich mich um.
Denn auch das Weinen sagt nicht, was wir meinen. 15
    Der Mensch ist stumm.

Arbeitsanregungen

1. Für ein Filmfestival soll ein Kurzfilm zum Thema „Trennungsschmerz" gedreht werden. Sie entschließen sich dazu, diese drei Gedichte oder drei andere aus verschiedenen Jahrhunderten filmisch umzusetzen. Dabei kommt es nicht auf inhaltliche Detailtreue an, sondern darauf, die jeweilige Stimmung zu treffen und die drei Sequenzen geschickt miteinander in Beziehung zu setzen.
2. Analysieren Sie die Texte im Einzelnen und betrachten Sie zwei von ihnen im näheren Vergleich.

Wilhelm Müller
Gute Nacht (1823)

    Fremd bin ich eingezogen,
Fremd zieh' ich wieder aus.
Der Mai war mir gewogen
Mit manchem Blumenstrauß.
5 Das Mädchen sprach von Liebe,
Die Mutter gar von Eh' –
Nun ist die Welt so trübe,
Der Weg gehüllt in Schnee.

    Ich kann zu meiner Reisen
10 Nicht wählen mit der Zeit:
Muss selbst den Weg mir weisen
In dieser Dunkelheit.
Es zieht ein Mondenschatten
Als mein Gefährte mit,
15 Und auf den weißen Matten
Such' ich des Wildes Tritt.

    Was soll ich länger weilen,
Bis man mich trieb' hinaus?
Lass irre Hunde heulen
20 Vor ihres Herren Haus!
Die Liebe liebt das Wandern, –
Gott hat sie so gemacht –
Von Einem zu dem Andern –
Fein Liebchen, Gute Nacht!

25   Will dich im Traum nicht stören,
Wär' Schad' um deine Ruh',
Sollst meinen Tritt nicht hören –
Sacht, sacht die Türe zu!
Ich schreibe nur im Gehen
30 Ans Tor noch gute Nacht,
Damit du mögest sehen,
Ich hab' an dich gedacht.

*Caspar David Friedrich
(1774–1840)*

Arbeitsanregungen
1. Informieren Sie sich über Wilhelm Müllers Gedichtzyklus „Die Winterreise" und deren Vertonung durch Franz Schubert.
2. Das Gedicht ist das erste aus diesem Zyklus. Erarbeiten Sie daran die zentralen Motive und die Darstellung des lyrischen Ichs. Analysieren Sie in diesem Zusammenhang auch den Sprachgestus des lyrischen Ichs (vgl. auch S. 32 f.).
3. Zeigen Sie, inwieweit sich in dem Gedicht typische Elemente für die Epoche der Romantik finden.
4. Finden Sie das Gemälde von Caspar David Friedrich als Illustration des Gedichts passend? Welchen Titel würden Sie dem Gemälde geben (beachten Sie das Schiff!)?

Rainer Maria Rilke
Ohne Titel (1897)

Wie meine Träume nach dir schrein.
Wir sind uns mühsam fremd geworden,
jetzt will es mir die Seele morden,
dies arme, bange Einsamsein.

5 Kein Hoffen, das die Segel bauscht.
Nur diese weite, weiße Stille,
in die mein tatenloser Wille
in atemlosem Bangen lauscht.

Edvard Munch: Madonna (1894)

Claire Goll
Ohne Titel (1930)

Einst, wenn du bei mir schliefst
Lernten die Engel
Deine Lieder auswendig
Für den Sonntagsgottesdienst im Himmel
5 Und wo wir auch hintraten auf Erden
Wuchs vierblättriger Klee
Und alle Grammophone spielten nur Psalmen
So sehr liebten wir uns.

Warum ist jetzt der Himmel so fern
10 Und der Asphalt so hart?
Warum riechen alle Blumen nach Grab
Und schmücken sich Andre
Mit deiner Tränen Aquamarine?
Warum trocknet in deiner Brusttasche
15 Fremder Klee nah deinem Herzen?
Warum hüllst du mich nicht mehr in deinen Schatten
Wie in ein Abendcape,
Ewiger Troubadour?

Arbeitsanregungen

1. Verbinden Sie die beiden Gedichte miteinander, indem Sie Verse aus Rilkes Text (die sich auch wiederholen dürfen) in Claire Golls Gedicht interpolieren. Lesen Sie das neu entstandene Gedicht dann verteilt auf zwei Stimmen. Achten Sie dabei auf Lautstärke, Sprechtempo, Betonung, Art des Ausdrucks und gegebenenfalls auch auf die Simultaneität von Versen.
2. Bereiten Sie eine Präsentation der beiden Gedichte mit Musik und einem passenden Hintergrundbild vor und lesen Sie dazu die Texte. Beurteilen Sie Ihre Ergebnisse gegenseitig.
3. Erörtern Sie, inwieweit Munchs Gemälde „Madonna" (1894) als Illustration eines der beiden Gedichte geeignet ist, und informieren Sie sich mit Hilfe des Internets über dieses Kunstwerk.

4.5 „Ach schreien, schreien!" – Das Ende der Liebe
Trennung

Heinrich Heine
Ich wollte bei dir weilen … (1823)

Ich wollte bei dir weilen
Und an deiner Seite ruhn;
Du musstest von mir eilen;
Du hattest viel zu tun.

5 Ich sagte, dass meine Seele
Dir gänzlich ergeben sei;
Du lachtest aus voller Kehle,
Und machtest 'nen Knicks dabei.

Du hast noch mehr gesteigert
10 Mir meinen Liebesverdruss
Und hast mir sogar verweigert
Am Ende den Abschiedskuss.

Glaub nicht, dass ich mich erschieße,
Wie schlimm auch die Sachen stehn!
15 Das alles, meine Süße,
Ist mir schon einmal geschehn.

Christine Lavant
Ohne Titel (1956)

Ach schreien, schreien! – Eine Füchsin sein
und bellen dürfen, bis die Sterne zittern!
Doch lautlos, lautlos würge ich den bittern
Trank deines Abschieds, meinen Totenwein.

5 Und schleiche kriechend, schattenlos schon fast,
Geripp aus Martern in der Stirn metallen
durch Schlangenzweige, die vom Walde fallen,
darin du gestern mich verwunschen hast.

In deiner Spur verreckt das fromme Wild,
10 die roten Vögel unsrer Zärtlichkeiten,
der schwarze Jäger will nach Hause reiten,
sucht nach dem Krebs im trüben Himmelsbild.

Zurück will alles. Auch der Totenwein
in meiner Kehle würgt sich noch nach oben.
15 Ich hör mein Herz die Gnade Gottes loben,
das dringt wie Bellen mir durch Mark und Bein.

Karin Kiwus
Im ersten Licht (1976)

Wenn wir uns gedankenlos getrunken haben
    aus einem langen Sommerabend
        in eine kurze heiße Nacht
wenn die Vögel dann früh
5   davonjagen aus gedämpften Färbungen
in den hellen tönenden frischgespannten Himmel

    wenn ich dann über mir in den Lüften
    weit und feierlich mich dehne
    in den mächtigen Armen meiner Toccata

10 wenn du dann neben mir im Bett
deinen ausladenden Klangkörper bewegst
dich dumpf aufrichtest und zur Tür gehst

und wenn ich dann im ersten Licht
    deinen fetten Arsch sehe
15   deinen Arsch
            verstehst du
deinen trüben verstimmten ausgeleierten Arsch
dann weiß ich wieder
    dass ich dich nicht liebe
20   wirklich
  dass ich dich einfach nicht liebe

*Michael Krüger (*1943)*
Das Bett (1996)
für Ariane

Als du weggegangen warst,
habe ich dein Bett abgezogen.
Die Matratze sah aus
wie ein abgerissener Sträfling.
5 Wenn ich jetzt das Licht lösche,
bin ich mir nicht mehr sicher,
auf welcher Seite ich liege.
Mit einem Bein im Gefängnis,
mit dem andern in der Freiheit,
10 an Schlaf ist nicht zu denken.

Arbeitsanregungen

1. Bilden Sie Gruppen zu den Gedichten dieses Teilkapitels und untersuchen Sie,
   a) ob Gründe für die Trennung genannt werden,
   b) wie das lyrische Ich zur Trennung steht,
   c) wie die Haltung sprachlich zum Ausdruck kommt.
   d) Stellen Sie fest, welche Vorstellungen von Liebe und Partnerschaft das lyrische Ich jeweils hat.

Treulosigkeit

Franziska zu Reventlow (1871–1918)
Ohne Titel

Treulos bin ich gewesen
und hab dich einst doch geliebt.
Kannst du mir vergeben,
wenn ich dein Leben getrübt?

5 Treu hatt' ich dir geschworen,
Liebe und ewige Treu.
Aber in wilden Stürmen
brach sie entzwei.

Als du heim aus der Fremde kehrtest,
10 war ich dein nicht mehr.
Ich lag in anderen Armen
von brennender Liebe verzehrt.

Wüsstest du, was ich gelitten,
könnt ich dir's sagen:
15 Welten von Qual und Schmerz
in jenen Tagen.

Kalte Fernen
trennen jetzt unser Leben.
Ich folge anderen Sternen –
20 Kannst du mir vergeben?

*Sarah Kirsch (*1935)*
Bei den weißen Stiefmütterchen
(1967)

Bei den weißen Stiefmütterchen
Im Park wie ers mir auftrug
Stehe ich unter der Weide
Ungekämmte Alte blattlos
5 Siehst du sagt sie er kommt nicht

Ach sage ich er hat sich den Fuß gebrochen
Eine Gräte verschluckt, eine Straße
Wurde plötzlich verlegt oder
Er kann seiner Frau nicht entkommen
10 Viele Dinge hindern uns Menschen

Die Weide wiegt sich und knarrt
Kann auch sein er ist schon tot
Sah blaß aus als er dich untern Mantel küßte
Kann sein Weide kann sein
15 So wollen wir hoffen er liebt mich nicht mehr

R

Arbeitsanregungen
1. Beschreiben Sie die Sprechsituation in den beiden Gedichten. Wer spricht zu wem?
2. Beschreiben Sie die unterschiedlichen Haltungen des jeweiligen lyrischen Ichs zur Treulosigkeit.

Entfremdung

Erich Kästner
Sachliche Romanze (1928)

Als sie einander acht Jahre kannten
(und man darf sagen: sie kannten sich gut),
kam ihre Liebe plötzlich abhanden.
Wie andern Leuten ein Stock oder Hut.

5 Sie waren traurig, betrugen sich heiter,
versuchten Küsse, als ob nichts sei,
und sahen sich an und wussten nicht weiter.
Da weinte sie schließlich. Und er stand dabei.

Vom Fenster aus konnte man Schiffen winken.
10 Er sagte, es wäre schon Viertel nach Vier
und Zeit, irgendwo Kaffee zu trinken.
Nebenan übte ein Mensch Klavier.

Sie gingen ins kleinste Café am Ort
und rührten in ihren Tassen.
15 Am Abend saßen sie immer noch dort.
Sie saßen allein, und sie sprachen kein Wort
und konnten es einfach nicht fassen.

*Ursula Krechel (*1947)*
Liebe am Horizont (1977)

Der Mann hat eine schreckliche
Unordnung in ihr Leben gebracht. Plötzlich
waren die Aschenbecher voller Asche
die Laken zweifach benutzt, verschwitzt
5 und alle Uhren gingen anders.
Einige Wochen lang schwebte sie
über den Wolken und küßte den Mond.
Erst im Tageslicht wurde ihre Liebe
kleiner und kleiner. Achtlos
10 warf er das Handtuch, blaukariert
mit dem kreuzgestichelten Monogramm
(wenn das die Mutter wüßte)
über die Schreibmaschine. Bald
konnte sie ihre Liebe schon
15 in einer Schublade verschließen.
Eingesperrt zwischen Plunder
geriet sie in Vergessenheit.
Später, als der Mann sie rief
wünschte sie, stumm zu sein.
20 Als er wieder rief, war sie schon taub. R

Arbeitsanregungen

1. Finden Sie heraus, warum die Partner sich jeweils entfremdet haben. Werden Gründe genannt?
2. Stellen Sie dar, wie das lyrische Ich jeweils mit der Situation umgeht, und zeigen Sie, wie sich diese Haltung im Ton und damit in der Sprache spiegelt.

Musterinterpretation: Vergleich zweier Gedichte zum Thema Tod

Else Lasker-Schüler — Johannes
Senna Hoy (1915)

Seit du begraben liegst auf dem Hügel
Ist die Erde süß.

Wo ich hingehe nun auf Zehen,
Wandele ich über reine Wege.

5 O, deines Blutes Rosen
Durchtränken sanft den Tod.

Ich habe keine Furcht mehr
Vor dem Sterben.

Auf deinem Hügel blühe ich schon
10 Mit den Blumen der Schlingpflanzen.

Deine Lippen haben mich immer gerufen, *(Perfekt)*
Nun weiß mein Name nicht mehr zurück.

Jede Schaufel Erde, die dich barg, *positiv*
Verschüttete auch mich. *negativ* } *(Präteritum)*

15 Darum ist immer Nacht an mir
Und Sterne schon in der Dämmerung.

Und ich bin unbegreiflich unseren Freunden   *Distanz*
Und ganz fremd geworden.   *zu den Lebenden*

Aber du stehst am Tor der stillsten Stadt
20 Und wartest auf mich, du Großengel.   *Erwartung/ Zukünftiges*

Apostrophe, bzw. Zwiesprache mit dem toten Geliebten

veränderte Welt(sicht) -> keine Angst mehr vor dem Sterben

Dieter Krieg (1937–2005): Ohne Titel (Verlust, 1992)

*Hellmuth Opitz (*1959)*
ohne Titel (1996)

Als Max starb
hinterließ er
ihr nichts
als seine Stimme
5 auf dem Anrufbeantworter.   → *technisches Gerät*
Eines Tages
als es sie packte
fuhr sie raus   *umgangssprachlich*
10 nur um zuhaus
anzurufen
und diese Stimme
zu hören wie
sie heranrollte
15 dunkel und sanft.
Sprechen Sie nach
dem Signalton.
Ich rufe zurück.   → *Lüge: Ein Toter kann nicht zurückrufen*
Sie hinterließ
20 ihm nichts
als ihr Atmen.   → *Gegensatz*

→ *Maschinenstimme des Toten im Gegensatz zum lebendigen Atem*

Dieter Krieg: Ohne Titel (Trost, 1992)

Einleitung

Die beiden Gedichte, „Senna Hoy" von Else Lasker-Schüler, veröffentlicht 1915, und das titellose Gedicht von Hellmuth Opitz, veröffentlicht 1996, scheinen auf den ersten Blick nur eine Gemeinsamkeit zu haben, das Thema: den Tod eines geliebten Menschen.

Hauptteil

Zehn kurze zweiversige Strophen in freien Rhythmen umfasst der Text Else Lasker-Schülers. Je ein schlichter Satz bildet eine Strophe, außer in der sechsten Strophe, dem inhaltlichen Zentrum des Gedichts, in der jeder Vers einen eigenen Satz bekommt. In einzelnen, klar gesetzten Schritten setzt sich das lyrische Ich mit dem Tod des geliebten Menschen, der schon im ersten Vers direkt angesprochen wird, auseinander. Das lyrische Ich hält Zwiesprache mit dem Toten. Es klagt nicht, sondern scheint sachlich und ruhig das eigene Verhältnis zur Welt zu beschreiben, das seit dem Tod des Geliebten ein anderes geworden ist. Seit der Geliebte begraben ist, ist die Erde „süß" (V. 2), hat also die Qualität von Nahrung bekommen. Das lyrische Ich, das nur vorsichtig zu gehen wagt („auf Zehen", V. 3), „wandelt" (V. 4), wobei die Wahl des hohen Stils biblische Assoziationen weckt, über „reine Wege" (V. 4). Die Erde scheint gleichsam durch die Bestattung des Geliebten gereinigt und für den, der in der Nachfolge oder im Geiste des Verstorbenen wandelt, sündenfrei.

Die nächste Strophe durchbricht mit einem Ausruf und einem vorangestellten Genitivattribut einer ungewöhnlichen Metapher („O, deines Blutes Rosen", V. 5) den ruhigen Duktus der ersten Verse. Das Bild kombiniert Poetisches, die Rose, die konventionell für die Liebe steht, mit dem Unterton des Gewaltsamen. Es ist das Blut, das aktiv den Tod „durchtränkt", nicht der Tod, der die Herrschaft über den Verstorbenen übernimmt, was dem lyrischen Ich die Furcht vor dem Sterben (V. 7 f.) nimmt. Das lyrische Ich befindet sich bereits im Übergang zum Tod; es blüht mit den Schlingpflanzen, die auf dem Grab des Verstorbenen wachsen. Die Schlingpflanzen binden das Ich an den Grabhügel und wie in liebevoller Umarmung an den Verstorbenen.

Im ersten Vers der sechsten Strophe wechselt zum ersten Mal das Tempus. Mit dem Perfekt ruft sich das lyrische Ich in Erinnerung, dass es einst gerufen worden ist. Die Metonymie „Lippen" meint nicht nur den Ort der Sprachproduktion, sondern spielt bewusst mit der Assoziation des Kusses. „Nun weiß mein Name nicht mehr zurück" (V. 12) lässt den Namen zwischen Totem und Lebender oszillieren. Die sprachliche Kommunikation, die Bindeglied der Liebenden war, ist unterbrochen. Der Name, der nur die Geliebte meinte, ist beim Verstorbenen geblieben, kann nicht mehr zurückkehren, denn es gibt keinen Liebenden mehr, der ihn ausspricht, es gibt keinen Liebenden mehr, der mit Küssen die Geliebte meinen könnte, die dadurch namenlos wird, ihre Identität verliert. So wendet sich das lyrische Ich noch stärker dem Tod zu.

Dieser Kulminationspunkt des Erinnerns löst die Erinnerung an die Bestattung des Toten aus. Das verwendete Präteritum betont den Vorgang, den das lyrische Ich als gemeinsames Verschüttet-Werden beschreibt. Dieser Vorgang ist der Grund für zahlreiche Folgen, deren Unausweichlichkeit durch das anaphorische „und" (V. 16 ff.) verstärkt wird. „Darum" ist die Nacht sein ständiger Begleiter, wird zu einem Attribut (es ist „immer Nacht an [ihm]", V. 15) des lyrischen Ichs, das selbst für die gemeinsamen Freunde „unbegreiflich" (V. 17) und „ganz fremd" (V. 18) geworden ist. Die Kommunikation mit anderen Personen ist unmöglich geworden.

Dieser Beschreibung der Dunkelheit, Leblosigkeit, Selbstentfremdung setzt die letzte Strophe mit einem adversativen „Aber" (V. 19) die Erwartung des Todes entgegen. Der Tote, der mit der Periphrase „du Großengel" (V. 20) überhöht wird, wartet am „Tor der stillsten Stadt". Das Gedicht schließt mit dem Ausdruck der Hoffnung auf eine Wiedervereinigung mit dem Toten im Jenseits.

Leicht lässt sich der Titel als die rückwärts gelesene Form von Johannes entschlüsseln. Gemeint ist damit Johannes Holzmann (1882–1914), ein Anarchist, der die 1905 verbotene Zeitschrift „Der Kampf" herausgab, in der auch Else Lasker-Schüler einige Texte publizierte. Er ging 1907 nach Russland, wurde schon im selben Jahr verhaftet und starb dort nach sieben Jahren im Gefängnis. Else Lasker-Schüler versuchte auf einer Russlandreise 1913 vergeblich, sich für ihn einzusetzen. Vermutlich lernten sich Holzmann und Lasker-Schüler um 1903 kennen. Welcher Art die Beziehung war, ist nicht bekannt. Diese Information mag ein anderes Licht auf die Formulierung „deines Blutes Rosen" werfen. So könnte man darin den Revolutionär erkennen, dessen Idee ihn das Leben kostete. Allerdings zeigt sich hier, dass Kenntnisse über biographische Zusammenhänge kaum zu einem tieferen Verständnis des Gedichtes beitragen.

Dem lyrischen Ich in „Senna Hoy" bleibt nach dem Tod des Geliebten eine veränderte Weltsicht, die es kommunikationslos lässt. Der einzige Kommunikationspartner, auf dessen Verständnis es hofft, ist der tote Geliebte selbst. Die Liebe zum toten Geliebten ermöglicht eine Vorbereitung auf den eigenen Tod.

Hauptteil

Auch in Hellmuth Opitz' Gedicht geht es um Kommunikation mit einem Toten, allerdings unter den veränderten Bedingungen der modernen Kommunikation. „Max" hinterlässt, die Doppeldeutigkeit von „hinterlassen" als „vererben" einerseits und „Nachricht hinterlassen" andererseits ist zentral, „nichts / als seine Stimme / auf dem Anruf / beantworter" (V. 3–6). Eine Alltagssituation wird mit Alltagssprache („raus" (V. 9), „zuhaus" (V. 10)) beschrieben: Die Trauernde fährt weg, ruft zu Hause an. Sie fährt weg, um zum Geliebten zurückzufinden. An dieser Stelle verlangsamt sich das Tempo. Der Leser wird einbezogen in die Erwartung der Frau. Die Stimme des Verstorbenen, der den Anrufbeantworter besprochen hat, wird beschrieben als unausweichliches Naturphänomen, das „heranrollt[e]" (V. 14). „[D]unkel und sanft" (V. 15) ist die Stimme, vermittelt Geborgenheit, Sicherheit und Wärme. Diese Erwartung wird kontrastiert mit dem Satz, der auf Tausenden von Anrufbeantwortern zu hören ist, dem unpersönlichsten Satz, der sich denken lässt, der aber das Einzige von Max ist, das geblieben ist. Schlimmer noch, das Versprechen „Ich rufe zurück" (V. 18) hat sich durch den Tod des Sprechers in eine Lüge verkehrt. Die Anruferin hinterlässt ihrerseits ebenfalls „nichts" außer etwas Einzigem „nichts / als ihr Atmen" (V. 20 f.). Das gewählte substantivierte Verb betont den aktiven Atmungsprozess des lebenden Menschen. So stehen Worte eines Toten neben dem wortlosen, aber lebendigen Atmen. Deutlicher lässt sich die Unmöglichkeit von Kommunikation wohl kaum darstellen. Der technische Apparat suggeriert die Möglichkeit von Nähe und Unmittelbarkeit und wirft die Hinterbliebene noch viel grausamer in die leere Realität zurück. Sinnbildlich für dieses Atmen, den kategorialen Unterschied zwischen Lebenden und Toten, können die Kurzverse gelesen werden, die das ständige Aus- und Einatmen des Lebenden, ein etwas kurzatmig gehetztes Atmen, vermitteln.

Schluss

Der Tod des Geliebten ist in einer Welt, die auf das Diesseits konzentriert ist, die keine Hoffnung auf ein anderes Leben lässt, noch schwerer zu ertragen als in der von Else Lasker-Schüler beschriebenen Welt, in der die Erinnerung ein Ziel in der Hoffnung auf ein Jenseits findet, während durch das Wegfallen dieser Vorstellung die Erinnerung selbst zum Problem für die Trauernde in Opitz' Gedicht wird. Bei Lasker-Schüler hat das Sterben des Geliebten sogar beinahe einen Sinn, hilft, die Furcht vor dem Tod zu bewältigen, zumindest für dieses einzelne trauernde lyrische Ich. In Opitz' Text, vor allem unterstützt durch eine quasi neutrale „Erzählhaltung", geht es um mehr als die individuelle Trauer einer einzelnen Person, es geht in einem allgemeineren Sinne darum, dass in der modernen Welt technische Reproduktionsmöglichkeiten, hier der menschlichen Stimme, eine Möglichkeit von Nähe vorgaukeln und so den Verlust noch grausamer bewusst werden lassen. So sprechen beide Gedichte über ihr oberflächlich gesehen zentrales Thema, den Verlust eines geliebten Menschen, hinaus von der Möglichkeit des Erinnerns und von gelingender bzw. nicht gelingender Kommunikation mit dem Verstorbenen.

C Projektvorschläge

1 Wie sag ich's – Vom Liebesbrief zur SMS

Arbeitsanregungen

1. Was sagen die unterschiedlichen Abbildungen über die Tradition der schriftlichen und mündlichen Liebesmitteilung?
2. Schreiben Sie eine Liebes-SMS, in der Sie die volle Anzahl von Zeichen ausnützen. Tauschen Sie sich anschließend über die Schwierigkeiten aus, mit denen Sie zu kämpfen hatten.
3. Informieren Sie sich über so genannte Briefsteller, das sind Anweisungen zum Schreiben von Briefen. Gibt es noch „heimliche Briefsteller", d.h. Regeln, die auch beim Schreiben von Liebesbriefen oder SMS beachtet werden?
4. Beschaffen Sie sich Liebesbriefe bekannter Persönlichkeiten, z.B. der in diesem Heft vertretenen Dichterinnen und Dichter. Vergleichen Sie Themen und Sprache in Brief und Dichtung. Bereiten Sie einen Abend an Ihrer Schule vor zum Thema „Liebe öffentlich und Liebe privat – Liebe in Gedichten und Briefen".

2 Liebe in der Werbung

Ich bin nur ICH LIEBE DICH IMMER
ich bin nur ICH LIEBE DICH
ich bin nur ICH LIEBE
ich bin ICH LIEBE
ich bin nur ICH

Ich bin NUR
ich bin NUR DICH IMMER
ich bin nur DICH
ich bin nur immer LIEBE
IMMER NUR DICH

(Erich Fried)

Aus Liebe zum Leben. Unser Anspruch beim Polo war es, Lebensgefühl, Solidität, Sicherheit, Ökonomie und Fahrspaß in einem Auto zu komprimieren. Auf das Wesentliche reduzieren, ohne dabei an Qualität zu verlieren. Wir entwickelten ihn deshalb mit einem klaren Verstand und vor allem mit einem offenen Herzen. Ohne Wenn und Aber in seiner Technologie, Verarbeitung und Wirtschaftlichkeit konsequent in seiner Vielfalt, Ausstattung, Motorisierung und seinen Sicherheitsstandards. Wer ihn fährt, spürt darüber hinaus noch was: Unsere Liebe zu den Menschen und zum Leben.

Arbeitsanregungen

1. Fertigen Sie eine Collage an, in der Sie zeigen, wie sich die Werbung des Begriffs „Liebe" bedient, um ein Produkt möglichst wirkungsvoll zu positionieren.
2. Nehmen Sie Stellung zu der Art und Weise, wie in Anzeigen vorgegangen wird.

Lösungen zu einzelnen Aufgabenstellungen

zu S. 10:

Lioba Happel

Du hängst mir schon lang zum Aug' raus
Und da hockst du auf einem Stuhl
Und die Nacht
Lacht
5 Und ein Stern
Blakt
Meinetwegen deinetwegen
Küß mich wenn's recht ist noch einmal
Tick mir im Ohr
10 Komm nochmal ohne Adjektive
Oder
Geh!

Ich spring auf die Beine
Bittesehr ein Gedicht
15 Tschüß Adieu du Schmerzensreicher
Gehenkter in meinem Nachtaug'
Tschüss Adieu
Zärtlich wie du bist bin ich ganz
Rabiat
20 Ich hab genug von dir
Ich öffne die Tür
Draußen staubt's

zu S. 17: B diamant

zu S. 23: Sei ewig glücklich
Wie du mich liebst.

zu S. 37:

Eduard Mörike
Liebesglück (bis 1830)

Wenn Dichter oft in warmen Phantasieen,
Von Liebesglück und schmerzlichem Vergnügen,
Sich oder uns, nach ihrer Art, belügen,
So sei dies Spielwerk ihnen gern verziehen.
5 Mir aber hat ein gütger Gott verliehen,
Den Himmel, den sie träumen, zu durchfliegen,
Ich sah die Anmut mir im Arm sich schmiegen,*
Der Unschuld Blick von raschem Feuer glühen.

Auch ich trug einst der Liebe Müh und Lasten,
10 Verschmähte nicht den herben Kelch zu trinken,
Damit ich seine Lust nun ganz empfinde.

Und dennoch gleich ich jenen Erzphantasten:
Mir will mein Glück so unermesslich dünken,
Dass ich mir oft im wachen Traum verschwinde.

Eduard Mörike
Zu viel (1830)

Der Himmel glänzt vom reinsten Frühlingslichte,
Ihm schwillt der Hügel sehnsuchtsvoll entgegen,
Die starre Welt zerfließt in Liebessegen,
Und schmiegt sich rund zum zärtlichsten Gedichte.
5 Am Dorfeshang, dort bei der luftgen Fichte,
Ist meiner Liebsten kleines Haus gelegen -
O Herz, was hilft dein Wiegen und dein Wägen,
Daß all der Wonnestreit in dir sich schlichte!

Du, Liebe, hilf den süßen Zauber lösen,
10 Womit Natur in meinem Innern wühlet!
Und du, o Frühling, hilf die Liebe beugen!

Lisch aus, o Tag! Laß mich in Nacht genesen!
Indes ihr sanften Sterne göttlich kühlet,
Will ich zum Abgrund der Betrachtung steigen.

zu S. 46: Edvard Munchs Gemälde trägt den Titel „Die Einsamen".

zu S. 79: Ernst Jandl
paar, über 50

dass nur noch eines von beiden
eine weitere lebensphase wird haben
müssen
und sie noch lange nicht kommen
und kurz sein
möge

Christoph Meckel
Ohne Titel

Alles wie immer: das Frühstück, der Blick in die Bäume
der Terminkalender, der Wintertag, die Gespräche
aber dein Lachen hell, deine Stimme sorglos wie selten
sodass ich fürchte: das könnte schnell vorbei sein
grundlos, nicht abwendbar
                        mit einem Blick in die Zeitung
der Erwähnung eines Namens
                        dem plötzlichen Anblick der Zukunft

zu S. 83: C.D. Friedrichs Bild trägt den Titel „Das Eismeer" (1824).

Textquellenverzeichnis

Anmerkung: DBL = Die digitale Bibliothek der deutschen Lyrik
DL = Deutsche Liebeslyrik

Alle Zitate auf S. **4** und **5** (außer Zitat von Erich Fromm auf S. **5**) aus: Was ist Liebe. 1001 Zitate geben 1001 Antworten. Hg. v. A. Mäckler. DuMont, 2005
Bachmann, Ingeborg: Erklär mir, Liebe, S. 62, aus: DL. Hg. v. H. Wagener. Reclam, 1995, S. 304 f.
Benn, Gottfried: D-Zug, S. 54, aus: Sämtl. Werke. Stuttg. Ausg. Bd. 1: Gedichte 1. In Verb. M. Ilse Benn. Hg. v. G. Schuster. Klett-Cotta, 1986
Brasch, Thomas: Liebeserklärung, S. 64, aus: Der schöne 27. September. Gedichte. Suhrkamp, 1980, S. 54 f.
Brecht, Bertolt: Wer das Gedicht …, S. 7, aus: Über das Zerpflücken von Gedichten. In: Werkausgabe, Bd. 19. Suhrkamp, 1967, S. 392 f. / Ders.: Erinnerung an Marie A., S. 60, aus: Werke. Gr. komm. BA u. FA, Bd. 11. Aufbau/Suhrkamp, 1988, S. 92 f. / Ders.: Entdeckung an einer jungen Frau, S. 61, aus: Werke, Bd. 13, S. 312 / Ders.: Der Abschied, S. 61, aus: ibid., Bd. 14, S. 374 / Ders.: Das elfte Sonett, S. 61, aus: ibid., Bd. 11, S. 189
Brentano, Clemens: Der Spinnerin Lied, S. 29, aus: Ausgew. Werke. Weltbild, o. J., S. 103 f.
Brinkmann, Rolf Dieter: Immer mehr Worte, S. 72, aus: Nichts ist versprochen. Liebesged. der Gegenw. Hg. v. H. Gnüg. Reclam, 2003, S. 190 f.
Celan, Paul: Die Jahre von dir zu mir, S. 63, aus: Die Gedichte. Hg. v. B. Wiedemann. Suhrkamp, 2003, S. 36
Dauthendey, Max: Und die Welt ward mein eigen, S. 77, aus: Die ewige Hochzeit. Liebeslieder. Juncker, 1905
Drawert, Kurt: Wie es ist, S. 78, aus: Liebesgedichte an Frauen. Hg. v. G. Dammel. Insel, 2003, S. 157 f.
Eich, Günter: Westwind, S. 63, aus: Inventur. Ein Lesebuch. Suhrkamp, 1981, S. 27
Eichendorff, Joseph von: Das zerbrochene Ringlein, S. 30, aus: Gedichte. Ausgabe 1841. DBL. S. 15622 (Werke, Bd. 1, S. 318 f. / Ders.: Neue Liebe, S. 32, aus: ibid., S. 15411 / Ders.: Intermezzo, S. 34, aus: ibid., S. 15154 / Ders.: Frühlingsnacht, S. 76, aus: ibid., Gedichte, Versepen. Hg. v. H. Schulz. Deutscher Klassiker Verlag, 1987, S. 370
Fleming, Paul: Wie Er wolle gekűsset seyn, S. 18, aus: Die Deutsche Literatur. Das Zeitalter des Barock. Texte und Zeugnisse. Hg. v. A. Schöne. C. H. Beck, 1963, S. 809 f. / Ders.: Auf ihr Abwesen, S. 82, aus: Deutsche Gedichte. DBL. S. 16769
Fontane, Theodor: Und ging auch alles um und um, S. 43, aus: Gedichte. Aufbau, 1989, S. 209 / Ders.: „Vor allen Dingen brauchten wir …", S. 45, aus: Sämtl. Werke, Bd. III. Carl Hanser Verlag, 1984, S. 237
Freud, Sigmund: Beiträge zur Psychologie des Liebeslebens, S. 51, aus: Ges. Werke, Bd. 8: 1909–1913. Fischer, 1945, S. 78–91 (Auszüge)
Fried, Erich: Was es ist, S. 75, aus: Gedichte. dtv, 1995 / Ders.: Eine Kleinigkeit, S. 80, aus: Es ist, was es ist. Gedichte. Wagenbach, 1983, S. 11 / Ders.: ohne Titel („Ich bin nur"), S. 93, aus: Liebesgedichte. Wagenbach, 1979
Fromm, Erich: Liebe ist …, S. 5, aus: Die Faszination der Gewalt […]. GA in 12 Bdd., Bd. XI. Hg. v. R. Funk. DVA/dtv, 1999, S. 345 / Ders.: Die Kunst des Liebens, S. 67, aus: Die Kunst des Liebens. Ullstein, 1977 (1956), S. 26, 39 f., 81 f.
George, Stefan: Ohne Titel („Du schlank und rein"), S. 50, aus: DL. Hg. v. H. Wagener. Reclam, 1995, S. 236
Goethe, Johann Wolfgang: Elegie, S. 8, aus: BA, Bd. 1. Hg. v. Siegfried Seidel u. a. Aufbau, 1960–78, S. 497 ff. / Ders.: Maifest, S. 23, aus: Werke. HA in 14 Bdd., Bd. 1. dtv, 1998, S. 30 f. / Ders.: Warum gabst du uns …, S. 24, aus: ibid., Bd. 1, S. 122 f. / Ders.: Willkomm und Abschied, S. 25, aus: ibid., S. 27 / Ders.: Neue Liebe, neues Leben, S. 27, aus: ibid., Bd. 1, S. 96 / Ders.: Nähe des Geliebten, S. 27, aus: ibid., Bd. 1, S. 242 / Ders.: Jägers Abendlied, S. 28, aus: ibid., Bd. 1, S. 121 f. / Ders.: Gretchen am Spinnrade, S. 29, aus: Faust. Der Tragödie erster Teil. ibid., Bd. 3, S. 107 f. / Ders.: Lesebuch, S. 74, aus: ibid., Bd. 2, S. 28 / Ders.: Hatem, S. 76, aus: ibid., Bd. 2, S. 63 / Ders.: Ohne Titel („Ach, wie bist du mir"), S. 82, aus: ibid., Bd. 1, S. 125
Goll, Claire: ohne Titel („Einst, wenn du bei mir schliefst"), S. 84, aus: Yvan Goll. Die Lyrik in 4 Bdd., Bd. II: Liebesgedichte 1917–1950. Hg. u. komm. v. B. Glauert-Hesse i. A. d. Fondation Yvan et Claire Goll, Saint-Dié-des-Vosges. © 2004 Argon Verlag GmbH, Berlin, S. 136. Alle Rechte bei und vorbehalten durch Wallstein Verlag, Göttingen
Grünbein, Durs: Ohne Titel („Wußten wir"), S. 73, aus: Nichts ist versprochen. S. 222
Günderode, Karoline von: Die eine Klage, S. 34, aus: Gedichte. Hg. v. F. J. Görtz. Insel, 1985, S. 54
Günther, Johann Christian: An Leonore, S. 20, aus: Gedichte. Hg. v. M. Windfuhr. Reclam, 1961, S. 26 f.
Hahn, Ulla: Stillständiges Sonett, S. 66, aus: Liebesgedichte. DVA, 1993, S. 109 / Dies.: Mit Haut und Haar, S. 69, aus: Herz über Kopf. DVA, 1981 / Dies.: Bildlich gesprochen, S. 69, aus: Liebesgedichte. S. 22
Happel, Lioba: Du hängst mir …, S. 10, aus: Nichts ist versprochen, S. 107
Harsdörffer, Georg Philipp: Der poetische Trichter, S. 18, aus: Der poetische Trichter. Reprograf. Nachdr. d. Originalausg. Nürnberg 1650. WB, 1969, S. 7 f.
Hebbel, Friedrich: Ich und Du, S. 43, aus: Gedichte. Ausg. letzter Hand. DBL, S. 28948 / Ders.: An eine edle Liebende, S. 46, aus: DBL, S. 29126 / Ders.: Ohne Titel („Kein Lebewohl, …"), S. 46, aus: DBL, S. 28487
Heine, Heinrich: ohne Titel („Der Herbstwind rüttelt"), S. 33, aus: Werke in 2 Bdd., Bd. 1. Hg. v. M. Greiner. Kiepenheuer & Witsch, o. J., S. 84 f. / Ders.: Auf Flügeln des Gesanges, S. 34, aus: Werke und Briefe, Bd. 1: Buch der Lieder. Aufbau, 1961, S. 75 / Ders.: „Wenn ich auf dem Lager liege …", S. 39, aus: ibid., S. 130 / Ders.: „Ein Jüngling liebt ein Mädchen, …", S. 41, aus: ibid., S. 88 / Ders.: „Anfangs wollt ich fast verzagen, …", S. 41, aus: ibid., S. 223 / Ders.: „Ich sehn im Stundenglase schon …", S. 42, aus: Werke in 2 Bdd., Bd. 1, S. 561 / Ders.: Für die Mouche, S. 42, aus: ibid., S. 603 / Ders.: Ohne Titel („Es geht am End"), S. 80, aus: ibid., S. 551 / Ders.: Ich wollte bei dir weilen, S. 85, aus: Buch der Lieder. Reclam, 1990, S. 145
Herburger, Günter: Ehegedicht, S. 10, aus: Ziele. Gedichte. Rowohlt, 1977
Heym, Georg: Eifersucht, S. 55, aus: Dichtungen und Schriften. GA. Lyrik, Bd. 1. Hg. v. K. L. Schneider. Ellermann, 1964, S. 144
Hoffmann von Fallersleben, August Heinrich: Nach dem Abschiede, S. 35, aus: Liebe und Frühling. Hg. v. H. Wendebourg/A. Gerbert. Hoffmann und Campe, 1974, S. 91 / Ders.: Ohne Titel („Ich muss hinaus"), S. 38, aus: ibid., S. 91
Hofmannsthal, Hugo von: Die Beiden, S. 9, aus: Ges. Werke, Bd. 1. Fischer, 1924, S. 7 / Ders.: Sturmnacht, S. 49, aus: Sämtl. Werke I. Gedichte 1. Hg. v. E. Weber. S. Fischer, 1984, S. 9 / Ders.: Frage, S. 49, aus: ibid., S. 8
Hofmann von Hofmannswaldau, Christian: Sonnet. Beschreibung vollkommener schönheit, S. 17, aus: DL, S. 79 / Ders.: Vergänglichkeit der schönheit, S. 17, aus: Die Deutsche Literatur. S. 445 f. / Ders.: ohne Titel („Albanie"), S. 19, aus: ibid., S. 446 f.
Hölderlin, Friedrich: Hymne an die Liebe, S. 11, aus: Sämtl. Werke. Kleine Stuttg. Ausg., Bd. 1. Hg. v. F. Beissner. Cotta, 1946–62, S. 171 ff.
Hölmann, Christian: An Celien, S. 19, aus: Der galante Stil. 1680–1730. Hg. v. C. Wiedemann. Niemeyer, 1969, S. 95
Holofernes, Judith: Außer dir, S. 6, aus: http://www.wirsindhelden.com/txt_reklamation11.php
Holz, Arno: Erfüllung, S. 47, aus: Werke, Bd. 1. Hg. v. W. Emrich/A. Holz. Luchterhand, 1961, S. 277 f.
Huch, Ricarda: Ohne Titel („Ich bin dein Schatten"), S. 50, aus: DL, S. 230
Jandl, Ernst: paar, über 50, S. 79, aus: DL, S. 308
Kahlau, Heinz: Zuneigung, S. 80, aus: Du. Liebesgedichte 1954–1979. Aufbau, 1987
Kästner, Erich: Repetition des Gefühls, S. 58, aus: Werke. Zeitgenossen haufenweise. Gedichte. Hg. v. H. Hartung. Hanser, 1998, S. 92 f. / Ders.: Sachliche Romanze, S. 88, aus: ibid., S. 65
Kirsch, Sarah: Die Luft riecht schon nach Schnee, S. 70, aus: Sämtl. Gedichte. DVA, 2005, S. 132 / Dies.: Bei den weißen Stiefmütterchen, S. 87, aus: ibid., S. 16
Kiwus, Karin: Fragile, S. 69, aus: Angenommen später. Suhrkamp, 1979 / Dies.: Im ersten Licht, S. 86, aus: Von beiden Seiten der Gegenwart. Suhrkamp, 1976
Kling, Thomas: aber annette, S. 73, aus: Nichts ist versprochen, S. 85
Klopstock, Friedrich Gottlieb: Das schlafende Mädchen, S. 22, aus: Oden. 1. Bd. DBL, S. 42213 (Oden, Bd. 1, S. 123)
Kožik, Christa: Jahrhundertelang, S. 66, aus: Nichts ist versprochen, S. 99
Krechel, Ursula: Alle Leichtigkeit fort, S. 66, aus: Verwundbar wie in den besten Zeiten. Luchterhand, 1979 / Dies.: Nachtrag, S. 69, aus: Nach Mainz! Luchterhand, 1977 / Dies.: Liebe am Horizont, S. 88, aus: ibid., 1977
Krüger, Michael: Liebesgedicht 3, S. 72, aus: Ders.: Diderots Katze. Carl Hanser, 1978 / Ders.: Das Bett, S. 86, aus: Ders.: Nachts, unter Bäumen. Residenz, 1996, S. 14
Kunert, Günter: Widmung für M., S. 79, aus: DL, S. 322
Kunze, Reiner: Liebesgedicht nach dem Start …, S. 80, aus: auf eigene Hoffnung & eines jeden einziges Leben. Fischer TB, 1999
Lasch, Christopher: Das Zeitalter des Narzissmus, S. 67 f., aus: Das Zeitalter des Narzissmus. Random House, 1980, S. 14, 243 f., 250, 253
Lasker-Schüler, Else: Ein Liebeslied, S. 9, aus: Sämtl. Gedichte. Hg. v. K. J. Skrodzki. Suhrkamp, 2004 / Dies.: Ein alter Tibetteppich, S. 52, aus: ibid., S. 120 / Dies.: Mein Liebeslied, S. 52, aus: ibid., S. 153 f. / Dies.: Siehst du mich, S. 77, aus: ibid., S. 119 / Dies.: Senna Hoy, S. 89, aus: ibid., S. 277 f.
Lavant, Christine: Ohne Titel („Diese deine Herbergstelle"), S. 63, aus: Spindel im Mond. Gedichte. Otto Müller Verlag, 1959, S. 10 / Dies.: ohne Titel („Ach schreien, schreien!"), S. 85, aus: DL, S. 289
Lenau, Nikolaus: Frage nicht, S. 38, aus: Werke in einem Band. Aufbau, 1981, S. 196
Lessing, Gotthold Ephraim: Die schlafende Laura, S. 22, aus: Werke, Bd. 1. WB, 1996, S. 84 f. / Ders.: Die Liebe, S. 74, aus: Werke 1751–1753. Hg. v. J. Stenzel. Deutscher Klassiker Verlag, 1998, S. 199 f.
Lichtenberg, Georg Christoph: […] Die Frage: Ist die Macht der Liebe …, S. 23, aus: Schriften und Briefe, Bd. III. Hg. v. W. Promies. 2001, 1994, S. 517 f.
Lichtenstein, Alfred: Mädchen, S. 54, aus: Menschheitsdämmerung. Hg. v. K. Pinthus. Rowohlt, 1959, S. 136
Liliencron, Detlev von: Glückes genug, S. 76, aus: Liebesgedichte an Frauen, S. 89
Maiwald, Peter: Über die Liebe, S. 75, aus: DL, S. 354
Meckel, Christoph: Ohne Titel („Alles wie immer"), S. 79, aus: DL, S. 332
Meyer, Conrad Ferdinand: Zwei Segel, S. 44, aus: Gedichte. Ausgabe 1892. DBL, S. 52892 (Sämtliche Werke, Bd. 2, S. 218)
Missfeldt, Jochen: Chronik des heutigen Tages, S. 81, aus: Nichts ist versprochen, S. 114
Moosdorf, Johanna: Aufbruch, S. 65, aus: Nichts ist versprochen, S. 98
Morgenstern, Christian: Ohne Titel („Es ist Nacht"), S. 12, aus: Ges. Werke. Piper, 1965, S. 129 / Ders.: Ohne Titel („Du bist mein Land"), S. 53, aus: Werke und Briefe, Bd. 1: Lyrik 1887–1905. Hg. v. M. Kießig. Urachhaus, 1988, S. 381
Mörike, Eduard: Das verlassene Mägdlein, S. 30, aus: Gedichte. Ausgabe 1867. DBL, S. 53960 / Ders.: An die Geliebte, S. 36, aus: ibid., S. 54132 / Ders.: Zu viel (Quartett 1 u. Terzett B), S. 37, aus: ibid., S. 54130 / Ders.: Liebesglück (Quartett 2 u. Terzett A), S. 37, aus: ibid., S. 54129 / Ders.: Ein Stündlein wohl vor Tag, S. 39, aus: ibid., S. 53903 / Ders.: Nimmersatte Liebe, S. 74, aus: Ausgewählte Werke, Erster Band: Gedichte. Hg. v. G. Schwarz. Müller & Kiepenheuer Verlag, 1949, S. 45
Müller, Inge: Liebe 45, S. 64, aus: Nichts ist versprochen, S. 160

Müller, Wilhelm: Frühlingstraum, S. 32, aus: Gedichte aus den hinterlassenen Papieren eines reisenden Waldhornisten 2, S. 93. DBL, S. 55149 / Ders.: Der Lindenbaum, S. 33, aus: ibid., S. 76. DBL, S. 55132 / Ders.: Gute Nacht, S. 83, aus: ibid., S. 71. DBL, S. 55127
Müller-Jahnke, Clara: Das ist der Schatten, S. 12, aus: www.deutsche-liebeslyrik.de/muller_jahnke35.htm
Nick, Dagmar: Früher, S. 78, aus: Lyrik der neunziger Jahre. Hg. v. Th. Elm. Reclam, 2000, S. 158
Novalis: Ihr Herz und Kuß, S. 76, aus: Schriften. 6. Bd.: Der dichterische Jugendnachlass, 1. Teilbd.: Text. Hg. v. H.-J. Mähl. Kohlhammer, 1998, S. 403 f.
Oleschinski, Brigitte: Ohne Titel, S. 70, aus: Nichts ist versprochen, S. 50
Opitz, Hellmuth: ohne Titel („Als Max starb"), S. 89, aus: Engel im Herbst mit Orangen. Pendragon, 2006, S. 74
Opitz, Martin: Sonnet. Auß dem Italienischen Petrarchae, S. 15, aus: Die Deutsche Literatur, S. 676 / Ders.: Ach Liebste / laß uns eilen, S. 17, aus: DL, S. 62
Reventlow, Franziska zu: Ohne Titel („Treulos bin ich gewesen"), S. 87, aus: Liebesgedichte von Frauen. Hg. v. H. Ochs. Insel, 2003, S. 75
Rilke, Rainer Maria: Liebes-Lied, S. 49, aus: Werke. Komm. Ausg. in 4 Bdn., Bd. 1. Insel, 1996, S. 238 / Ders.: Ohne Titel („Wie meine Träume"), S. 84, aus: Sämtl. Werke. Insel Werkausg. in 12 Bdn., Bd. 1. Insel, 1975, S. 131
Ringelnatz, Joachim: Ich habe dich so lieb, S. 58, aus: Das ges. Werk in 7 Bdd.. Bd. 1: Gedichte. Hg. v. W. Pape. Henssel, 1984, S. 261
Sachs, Nelly: Ohne Titel („Linie wie"), S. 75, aus: Liebesgedichte von Frauen, S. 88
SAID: Ohne Titel („Verrate nicht"), S. 73, aus: Sei Nacht zu mir. Liebesgedichte. C.H. Beck, 1998, S. 42 / Ders.: ohne Titel („Und der Gemüsehändler"), S. 73, aus: ibid., S. 76

Sappho: Ode an Atthis, S. 6, aus: Liebesgedichte von Frauen. Hg. v. Heike Ochs. Insel, 2003, S. 13
Scheuermann, Silke: Requiem für einen …, S. 70, aus: Liebesgedichte von Frauen, S. 164
Schiller, Friedrich: Brief an Charlotte v. Lengefeld, S. 27, aus: Briefe. Carl Hanser Verlag, 1955, S. 242 f.
Schwarz, Sibylla: Ohne Titel („Ist Lieb ein Feur"), S. 16, aus: Die Deutsche Literatur, S. 680
Schwitters, Kurt: An Anna Blume, S. 57, aus: Anna Blume und andere. Literatur und Grafik. Hg. v. J. Schreck. DuMont, 1997, S. 12
Stadler, Ernst: Lover's Seat, S. 53, aus: DL, S. 246 f. / Ders.: Glück, S. 77, aus: Dichtungen, Schriften, Briefe. C.H. Beck, 1983, S. 141
Storm, Theodor: Trost, S. 43, aus: Gedichte. Ausgabe 1885. DBL, S. 67823 / Ders.: Dämmerstunde, S. 44, aus: ibid., S. 67924
Stramm, August: Spiel, S. 47, aus: Die Dichtungen. Sämtl. Gedichte, Dramen, Prosa. Hg. v. J. Adler. Piper, 1990, S. 56 / Ders.: Wunder, S. 55, aus: Menschheitsdämmerung, S. 142 f.
Theobaldy, Jürgen: Zwischen dir und mir, S. 65, aus: Blaue Flecken. Gedichte. Rowohlt, 1974, S. 62
Treichel, Hans-Ulrich: Novemberliebe, S. 72, aus: LiebeNot. Suhrkamp, 1986, S. 33 / Ders.: Mit der ich Mozzarella aß, S. 72, aus: ibid., S. 37
Tucholsky, Kurt: Danach, S. 59, aus: Ges. Werke, Bd. 8. Hg. v. M. Gerold-Tucholsky u. F. Raddatz. Rowohlt, 1975, S. 92
Werfel, Franz: Als mich dein Wandeln …, S. 53, aus: Das lyrische Werk. Hg. v. A. D. Klarmann. S. Fischer, 1967, S. 9 / Ders.: Der Mensch ist stumm, S. 82, aus: Das lyrische Werk, S. 395

Unbekannte Autoren/Autorinnen: Interview mit Volkmar Sigusch über die Love Parade, S. 68, aus: kulturSpiegel, Heft 7. Spiegel Verlag, 2000, S. 10–15

Bildquellenverzeichnis

S. 3: Obdachloser: picture-alliance/ZB, Frau: ullstein/JOKER/Hengesbach, Familie: picture-alliance/dpa, Jugendliche: ullstein bild/vario images, altes Paar: ullstein/CARO/Sorge; S. 4 oben, S. 5 oben u. Mitte, 8, 11, 15 oben, 18, 36 unten, 44 unten, 84 Holz, Hofmannsthal, 92 Hauswand: picture-alliance/dpa; S. 4 unten: picture-alliance/Helga Lade; S. 5 Mitte: Daniel Biskup, Augsburg; S. 9, 15 unten, 24, 26, 28 oben, 40, 44 oben, 45 oben, 48 Rilke, Huch, 83: picture-alliance/akg-images; S. 16: Harenberg Kommunikation; S. 22: picture-alliance/91020/WHA; S. 25: ullstein/Lombard; S. 26: Marianne von Willemer: picture-alliance/maxppp; S. 28 unten: Christie's/ARTOTHEK © VG Bild-Kunst, Bonn 2007; S. 30: © The Munch Museum/The Munch Ellingsen Group/VG Bild-Kunst, Bonn 2007; S. 31 oben: ullstein/AKG Pressebild, unten: picture-alliance/KPA/HIP/Ann Ronan Picture Library; S. 36 oben: picture-alliance/Bildagentur Huber; S. 38: Jochen Remmer/ARTOTHEK; S. 42: Heinrich-Heine-Institut, Düsseldorf/Foto: Walter Klein; S. 45 unten: © bpk, Berlin 2007; S. 46: © The Munch Museum/The Munch Ellingsen Group/VG Bild-Kunst, Bonn 2007, Wallraf-Richartz-Museum & Fondation Corboud Köln, Graphische Sammlung; S. 47: picture-alliance/akg-images/Erich Lessing; S. 48 George: ullstein bild/histopics; S. 48 Lasker-Schüler, 60: ullstein bild; S. 50: Collection Musée d'Ixelles, Brüssel/Foto: Mixed Media, Brüssel; S. 52: ARTOTHEK; S. 54: Staatsgalerie Stuttgart, © VG Bild-Kunst, Bonn 2007; S. 56: links: Staatsgalerie Stuttgart, © Ludwig Meidner-Archiv, Jüdisches Museum der Stadt Frankfurt/M.; rechts: © bpk/SBB/Ruth Schacht, Berlin 2007; S. 61: Staatsgalerie Stuttgart, © VG Bild-Kunst, Bonn 2007; S. 75: Galerie Henze & Ketterer & Triebold, Riehen/Basel; © Jürgen Brodwolf; S. 79: Staatsgalerie Stuttgart, © Nolde Stiftung Seebüll; S. 81: Reinhard Lindenhahn; S. 84: ullstein/Granger Collection, © The Munch Museum/The Munch Ellingsen Group/VG Bild-Kunst, Bonn 2007; S. 89: © Stiftung Dieter Krieg/VG Bild-Kunst, Bonn 2007; S. 92: Liebes-Faltbrief: Germanisches Nationalmuseum, Nürnberg; Ansichtskarte: bpk/Dietmar Katz, Berlin 2007; Handy: ullstein/Imagebroker.net; Frau am Telefon: ullstein bild/Imagno; Mann am Telefon: ullstein/Roger Viollet; S. 93: Ausschnitt Sanella: mit freundlicher Genehmigung der Unilever Deutschland GmbH, Hamburg; Foto: Volkswagen AG

Redaktion: lüra – Klemt & Mues GbR, Wuppertal
Layout und technische Umsetzung: Ralf Franz, CMS Berlin

www.cornelsen.de

Die Internetadressen und -dateien, die in diesem Lehrwerk angegeben sind, wurden vor Drucklegung geprüft. Der Verlag übernimmt keine Gewähr für die Aktualität und den Inhalt dieser Adressen und Dateien oder solcher, die mit ihnen verlinkt sind.

Dieses Werk berücksichtigt die Regeln der reformierten Rechtschreibung und Zeichensetzung.
Bei den mit R gekennzeichneten Texten haben die Rechteinhaber einer Anpassung widersprochen.

1. Auflage, 1. Druck 2007

Alle Drucke dieser Auflage sind inhaltlich unverändert
und können im Unterricht nebeneinander verwendet werden.

© 2007 Cornelsen Verlag, Berlin

Das Werk und seine Teile sind urheberrechtlich geschützt.
Jede Nutzung in anderen als den gesetzlich zugelassenen Fällen bedarf der vorherigen schriftlichen Einwilligung des Verlages.
Hinweis zu § 52 a UrhG: Weder das Werk noch seine Teile dürfen ohne eine solche Einwilligung eingescannt und in ein Netzwerk eingestellt werden.
Dies gilt auch für Intranets von Schulen und sonstigen Bildungseinrichtungen.

Druck: CS-Druck CornelsenStürtz, Berlin

ISBN 978-3-464-60921-7

 Inhalt gedruckt auf säurefreiem Papier aus nachhaltiger Forstwirtschaft.